DES CONDITIONS

DE

L'ORDRE SOCIAL EN FRANCE ET EN EUROPE

ET DE

L'IMPOSSIBILITÉ DE LA RÉPUBLIQUE

ÉNUMÉRÉES EN TROIS PÉTITIONS A L'ASSEMBLÉE NATIONALE.

PARIS. — TYPOGRAPHIE PLON FRÈRES, RUE DE VAUGIRARD, 36.

DES CONDITIONS
DE
L'ORDRE SOCIAL
EN FRANCE ET EN EUROPE,
ET DE
L'IMPOSSIBILITÉ DE LA RÉPUBLIQUE
ÉNUMÉRÉES EN
TROIS PÉTITIONS
à l'Assemblée Nationale,

DEMANDANT :

LA DÉMOLITION DES FORTIFICATIONS DE PARIS ;
LA DISTRIBUTION DE SECOURS EXCLUSIVEMENT EN NATURE ET PAR LES SOINS DU CLERGÉ AUX CLASSES PAUVRES ET OUVRIÈRES ;
ET LE RÉTABLISSEMENT DE LA MONARCHIE ;

SUIVIES

D'UNE LETTRE AU PRÉSIDENT DE LA RÉPUBLIQUE SUR SA MISSION POLITIQUE,

Par A. MAURIZE,
EX-ARCHITECTE DU GOUVERNEMENT.

> Toute plante que mon Père céleste n'a point plantée sera arrachée.
>
> ÉVANGILE.

PARIS.
CAPELLE, LIBRAIRE-ÉDITEUR,
RUE DES GRÈS-SORBONNE, 10, PRÈS LE PANTHÉON.
— MAI 1849. —

TABLE GÉNÉRALE DES MATIÈRES.

CHAPITRE PREMIER.

EXAMEN GÉNÉRAL DE LA SITUATION POLITIQUE.

CHAPITRE II.

CONSIDÉRATIONS GÉNÉRALES SUR LES SOCIÉTÉS EUROPÉENNES.

CHAPITRE III.

CONSTITUTION ORGANIQUE DES SOCIÉTÉS EUROPÉENNES.

CHAPITRE IV.

DE L'ORDRE ET DU DÉSORDRE DANS LES SOCIÉTÉS EUROPÉENNES.

CHAPITRE V.

DU RÉGIME INDUSTRIEL ET COMMERCIAL DES SOCIÉTÉS EUROPÉENNES.

CHAPITRE VI.

DU PRINCIPE DU DROIT DIVIN.

CHAPITRE VII.

CONCLUSION.

FIN.

PRÉFACE.

Les trois pétitions qui font l'objet de cet écrit ont été adressées à leurs dates, déjà anciennes, à l'Assemblée nationale; mais elles n'ont jusqu'à présent donné lieu à aucun rapport. Rien même ne fait présumer qu'elles seront un jour prises en considération et soumises à l'examen de l'Assemblée. C'est donc pour hâter, autant qu'il dépend du pétitionnaire, cette prise en considération, suivant lui très-nécessaire et très-utile au salut de sa patrie, qu'il les livre à la publicité. Ce moyen n'aura peut-être pas toute l'efficacité désirable, mais enfin l'auteur ne peut faire plus dans sa position, et ce n'est pas sa faute si le droit illusoire de pétition que le peuple s'est soi-disant donné, est une des nombreuses mystifications des régimes constitutionnels et républicains.

Les questions abordées dans cet écrit, notamment dans la troisième pétition, sont les plus importantes et les plus capitales de l'ordre social, non-seulement en France, mais en Europe : elles commandent dès lors, par leur nature, le plus grand intérêt et la plus sérieuse attention. Néanmoins elles n'ont pu être traitées ici que sommairement : les temps agités où nous vivons, la forme adoptée par suite de la nécessité indispensable, au milieu de tant de bouleversements soudains et alarmants, auxquels on ne saurait assigner un prochain terme, de s'adresser à un auditoire quelque peu stable, au moins passagèrement, et composé d'hommes dont le devoir et la mission sont de chercher un remède aux maux presque insondables qui accablent notre malheureuse nation, ne permettaient, à l'égard de ces questions, que d'en poser pour ainsi dire la première pierre. On pouvait sans doute les traiter d'une manière plus philosophique et plus développée, mais cela aurait été nuisible à une première appréciation générale, très-nécessaire pour les examiner et les méditer ensuite avec fruit. De même qu'il faut commencer par connaître la mappemonde avant d'étudier la géographie. Les questions dont il s'agit étant vitales pour la société française, doivent avant tout, afin d'assurer le succès des solutions qu'elles appellent, être saisies et comprises dans ce qu'elles ont à la fois de plus simple, de plus essentiel et de plus élevé. Il fallait donc être concis et aller droit au fait qui domine la situation, en proposant des mesures nettes et positives. D'ailleurs le trouble profond et le chaos immense où sont tombées les sociétés européennes depuis trois siècles, mais surtout depuis soixante ans, les jettent dans un délire politique d'un caractère tout particulier, presque sans exemple jusqu'à présent dans les fastes de l'espèce humaine, et peu compatible avec de longues démonstrations.

Les nations de l'Europe moderne, bien qu'enorgueillies de leurs vaines sciences, de leurs faux perfectionnements et de leurs progrès à reculons, ne sont pas encore sorties des ténèbres de l'ignorance, de l'athéisme et de la barbarie, malgré les lumières de la religion chrétienne, dont le flambeau ne saurait heureusement s'éteindre, quoi que puissent faire les révolutionnaires de tous les pays. Elles s'agitent avec fureur et se déchirent de leurs propres mains de la manière la plus navrante, comme si, atteintes d'une incurable cataracte intellectuelle et morale, elles faisaient néanmoins des efforts suprêmes ou pour se délivrer d'un mal insupportable, ou pour s'arracher la vie. Tantôt elles s'épuisent au dehors en actions gigantesques et stériles; au dedans, en mouvements brusques et précipités, à tel point qu'on ne saurait les suivre dans leurs étranges évolutions et leur ardent désordre. Tantôt elles tombent dans un sombre accablement et dans une complète atonie, qu'expliquent leurs fatigues et la perte de leur sang, jusqu'à ce que leurs forces renaissantes leur permettent de recommencer de nouveau leurs implacables luttes. Il semble qu'il s'agisse définitivement d'un duel à mort fondé sur des haines insurmontables entre d'éternels Romains et d'éternels Carthaginois; puisqu'à travers tant d'événements variés, tant de péripéties, de formes politiques, de désastres, d'expérience inutile et d'espérances déçues, ces nations n'ont pas fait un seul pas en avant, vers l'union et la concorde, depuis cette désolante période révolutionnaire, ni découvert une seule voie salutaire, une seule issue praticable pour sortir du labyrinthe inextricable et insalubre où elles s'égarent et se corrompent de plus en plus. Comparables dans leurs fureurs sanglantes à ces malades en proie aux accès d'une fièvre brûlante, parcourant violemment leurs étroites demeures, se meurtrissant contre les obstacles qui les arrêtent de toutes parts, ou s'échappant à travers champs; mais dont la triste vie se consume en convulsions terribles et impuissantes qui les rendent capables à tous moments, si Dieu ne les calme, ou si une main forte et vigoureuse ne les arrête et ne les contient, de se précipiter dans les abîmes sans fond et les torrents les plus dangereux.

Telle est aujourd'hui la situation déplorable de la nation française; telle est la maladie grave qui menace de consommer son anéantissement : maladie cruelle que la France a gagnée au contact impur de l'Angleterre et à l'invasion pernicieuse du protestantisme, dont le virus, logé dans son épiderme et ses tissus cellulaires, excite ses souffrances et son exaspération jusqu'aux plus criminels emportements, si le crime peut être imputé à un état si digne de compassion. Maladie mortelle que la France communique aux autres nations, dont il faut absolument, à tout prix, extirper le germe, et à laquelle on ne peut plus se dispenser de trouver, en attendant, un soulagement prompt et efficace.

Il est également de la dernière importance de faire

sortir l'Europe entière elle-même de la voie fausse et périlleuse où elle s'engage de plus en plus, et qui la conduit à sa ruine certaine. Il faut briser l'influence de la fatalité qui pèse sur elle, et chercher à dissiper les nuages épais que l'infernal génie des ténèbres amoncelle de toutes parts avec un incroyable acharnement pour prolonger la nuit qui nous est si funeste. Mais ses efforts redoublés doivent nous faire présager que le jour est proche et que l'empire de sa domination commence à s'ébranler.

Il serait superflu de tracer plus longuement le tableau de la situation déplorable et de l'anarchie formidable des nations européennes : tout le monde en a un sentiment suffisamment vif et est frappé d'une indicible anxiété; mais personne ne sait ce qui doit y mettre un terme; personne ne connaît celui qui doit nous en délivrer et que tant de vœux appellent.

Dans une situation aussi grave, dans un désordre aussi vaste, il faut se borner à écrire au jour le jour des opuscules au courant des événements dont la mobilité et la rapidité sont extrêmes, afin de signaler les dangers et proposer des moyens de sauvetage qui se rattachent à un plan général et à un ensemble d'idées. Mais pourvu que la pensée qui préside à une suite quelconque de morceaux détachés, soit une, fixe et invariable, c'est le point principal; le but sera de même atteint aussi directement que les circonstances le permettent : c'est à cela surtout que l'auteur s'est attaché. Déjà, en 1832, l'auteur avait signalé les dangers qui devaient amener la société dans la déplorable situation où elle se trouve aujourd'hui, mais ses avertissements furent peu écoutés. Ils avaient été donnés sans doute trop longtemps avant l'événement qui devait les justifier.

Maintenant il est nécessaire de dire quelque chose de l'auteur lui-même, parce que celui qui s'adresse à ses semblables avec l'intention avouée d'exercer une influence réelle sur leur destinée, par conséquent sur leur salut; qui se permet de leur donner des conseils ou de les ré rimander, doit avant tout se faire connaître lorsqu'il est ignoré. Tout écrit sérieux, ayant pour objet les questions de l'ordre social, devrait, à défaut de caution valable de la part de l'auteur, commencer par une confession générale suffisamment pleine et entière, afin d'offrir au moins quelques garanties de moralité, de bonne foi, d'aptitude ou de désintéressement ; car, lorsqu'il s'agit de parler aux hommes, même dans leurs intérêts, comme lorsqu'il s'agit d'invoquer la divinité, encore faut-il avoir quelques droits d'en être écouté et produire ses titres, quels qu'ils soient. Quand la pensée et la parole doivent prendre une forme et un vêtement pour traverser le monde, autrement que les armes à la main, il n'est pas sans importance de savoir d'où elles viennent et où elles vont ; la vérité et la confiance y sont intéressées. Cet usage n'étant pas établi, bien qu'il puisse être fort utile, on se bornera à un court exposé.

L'auteur n'est qu'un homme sorti des rangs du peuple, non pas des derniers, mais de ceux qui confinent à la bourgeoisie, qui sont sur les frontières. Il est loin d'en tirer vanité ni d'avoir à en rougir, quelles que soient l'inconstance des temps où nous vivons et les variations de l'opinion publique, laquelle ressemble beaucoup à la femme, selon François Ier. Il aimerait mieux être sorti des rangs de la noblesse. Il n'a toutefois jamais eu jusqu'à présent de rapports avec elle, ni aucune liaison d'intérêts. Il ne peut pas dire qu'il la connaît et qu'il sait ce qu'elle est. Il sait seulement qu'elle se trouve aujourd'hui abaissée, discréditée et sans puissance dans sa patrie; mais il sait aussi ce qu'elle devrait être, et elle plaît à son imagination.

Il n'aime pas le peuple pris dans sa généralité et sa manifestation politique. Néanmoins il déplore vivement ses malheurs, ses misères et ses souffrances, et il voudrait pouvoir les faire cesser, car il y participe lui-même.

Il a toujours été pauvre, obscur, sans appui et sans protection humaine, et il l'est toujours. Il écrit même ces lignes dans une prison où il est momentanément enfermé de la manière la plus injuste, la plus arbitraire et la plus tyrannique par la bourgeoisie.

Depuis l'âge de treize ans il n'a vécu que du travail de ses mains, sans assurance du lendemain; c'est dire assez que son existence n'a pas été facile. Il a pu faire, par suite de ses imperfections, qui sont nombreuses sans doute, beaucoup de fautes dans sa vie, mais il a toujours cherché la vérité avec bonne foi et sincérité, seulement il s'est fait illusion plus d'une fois, sur cette, vérité si ardemment désirée, il le reconnaît sans difficulté; c'est ainsi qu'il a été successivement libéral, saint-simonien et fouriériste; mais, grâce à Dieu, il n'a jamais été républicain.

Il n'a reçu de personne directement aucune instruction quelconque, ni aucune éducation religieuse : il n'a même jamais fait sa première communion, tellement son enfance a été négligée. Cependant il est né catholique et il l'est toujours, bien plus par sentiment et par méditation, il est vrai, que par pratique. Mais il considère comme un devoir impérieux aujourd'hui de se ranger du côté d'une religion qui a retiré un si grand nombre d'hommes de la superstition et de l'athéisme, qui a fondé les seuls éléments de grandeur véritable qu'ait l'Europe moderne, et qui est encore appelée, malgré ses vicissitudes actuelles, de concert avec la royauté, à la sauver d'une perte certaine, en opposant un obstacle infranchissable à l'esprit révolutionnaire et impie qui menace d'engloutir le monde entier.

Il entreprend, en des temps d'erreurs et d'incrédulité, de défendre la vérité et de la faire triompher, bien qu'il connaisse sa faiblesse personnelle; mais c'est en définitive la cause de Dieu qu'il défend, et il espère que Dieu lui viendra en aide. Il ne se dissimule pas assurément que cette tâche ne soit pour lui pleine de difficultés et peut-être de dangers. Est-ce une raison pour reculer? Non, sans doute.

L'auteur s'est cru obligé de commencer par cet avertissement, sans se préoccuper de l'opinion qu'il peut faire naître sur son compte, qui s'en trouvera peut-être grevé d'une manière notable. Il en sera ce qu'il appartiendra.

Quoi qu'il en soit, c'est simplement comme catholique et comme homme du peuple, il tenait à le dire, afin d'établir péremptoirement qu'il n'est mu par aucun intérêt purement individuel, mais par l'intérêt général, qu'il a adressé à l'Assemblée nationale les trois pétitions qu'on va lire.

Il serait bien inutile d'ajouter que le pétitionnaire n'est ni écrivain, ni littérateur, ni publiciste; mais, quand bien même il ne saurait écrire qu'en patois, ce ne serait pas une raison suffisante pour lui de s'abstenir et surtout de se rendre excusable devant le souverain juge au jour du jugement, qui est peut-être proche.

Ceux donc qui ne cherchent dans un livre que le

mérite du style, la beauté des phrases et leur savant arrangement peuvent rejeter celui-ci en toute sécurité, il ne saurait leur convenir, et ce n'est pas pour eux qu'il est fait.

1RE PÉTITION

Pour la démolition des fortifications de Paris.

Tout royaume divisé contre lui-même sera détruit, et toute ville ou maison divisée contre elle-même ne pourra subsister.

(S. MATTH., XII, 25.)

TABLE DE LA Ire PÉTITION.

Paris, le 3 septembre 1848.

A MM. les Membres de l'Assemblée nationale.

Messieurs,

La présente pétition a pour objet de demander qu'il soit rendu un décret par lequel l'Assemblée nationale ordonnerait la démolition immédiate des fortifications de Paris.

Je vais avoir l'honneur de vous proposer la formule de ce décret, comme moyen d'en exprimer plus brièvement la pensée, et de ne pas abuser de vos moments.

I.

L'Assemblée nationale,

Considérant que les fortifications de Paris ne sont

qu'une œuvre de despotisme, qu'elles sont inutiles à la sûreté de la France, dangereuses pour la capitale et les libertés publiques;

Que l'hiver qui s'avance menace d'être extrêmement calamiteux pour les classes pauvres et ouvrières, auxquelles il est indispensable de procurer du travail qui leur permette de pourvoir à leur existence,

Décrète :

Art. 1er. — Les fortifications de Paris seront immédiatement démolies.

Art. 2. — Il sera ouvert un compte à l'ancien domaine privé et aux biens de la maison d'Orléans. On imputera, au débit de ce compte, la dépense totale des fortifications et de leur démolition, et au crédit les sommes provenant de la vente des matériaux et des terrains.

Art. 3. — L'État est autorisé à mobiliser une partie suffisante de ces biens, au moyen de titres ayant cours, ou autrement, pour se rembourser des dépenses de construction, et subvenir aux frais de démolition des fortifications.

Art. 4. — Le résultat du compte ouvert, s'il se solde en bénéfice, formera une dotation inaliénable, un majorat pour l'armée; s'il se solde en perte, cette perte sera supportée, proportionnellement à leurs fortunes, par les personnes ayant pris, en vertu de leur concours législatif, une part directe à l'œuvre rétrograde des fortifications.

Voici quels sont les principaux motifs sur lesquels se fonde la présente pétition.

II.

Messieurs les représentants, vous ne pouvez ignorer, car personne ne l'ignore aujourd'hui, que la révolution de juillet n'a jamais été autre chose au fond qu'une coquinerie politique conduite par la maison d'Orléans et à son profit, et que les fortifications de Paris n'ont jamais été faites pour autre chose que pour assurer le triomphe définitif de cette coquinerie, comme si Dieu pouvait permettre que de tels triomphes fussent durables.

Vous n'ignorez pas non plus, sans doute, que la fameuse question d'Orient et tout le tapage guerrier que fit à son occasion, de dessein prémédité, le ministère de cette époque, n'étaient en réalité qu'un adroit et pur stratagème employé pour faire, comme on le disait alors, AVALER à la nation les fortifications de Paris, qu'on ne savait comment lui faire adopter, sans leur donner une espèce de couleur patriotique : stratagème dont elle a été, il faut bien en convenir, complétement la dupe, comme elle était, du reste, habituée à l'être sous les acteurs de la célèbre comédie de quinze ans.

L'émotion du moment, le bruit et la poussière de

la discussion à laquelle les affaires d'Orient donnèrent lieu ont empêché les hommes politiques de l'opposition de s'apercevoir de cette manœuvre, fort habile à la vérité, qui fait très-bien comprendre le but et le sens véritable des fortifications, lesquelles sont loin d'avoir été élevées exclusivement contre l'étranger; manœuvre assez analogue au mémorable rideau tendu par Blucker à Waterloo pour tenir notre armée séparée. La France en connaît le funeste succès. Et il y a tout lieu de redouter que l'affaire des fortifications ne soit non-seulement le Waterloo des libertés publiques, mais le Waterloo de Paris tout entier.

Il est vrai que le mérite stratégique et le génie parlementaire du président du conseil de cette époque en seront on ne peut mieux constatés; mais je ne pense pas que cela puisse être considéré comme une suffisante compensation.

L'étonnement de l'Europe, les pièces diplomatiques mises alors sur table, les explications qu'elles ont amenées, l'éloignement calculé de la flotte française du théâtre des événements, l'empressement avec lequel le ministère français, sous le troisième acteur de cette coupable comédie, a opéré, sans aucune nécessité, sa rentrée dans le concert européen après les faits à peine accomplis, et les fortifications votées, confirment pleinement cette opinion.

Il serait d'ailleurs déraisonnable d'admettre que le président du conseil du 1er mars, si grandes qu'aient pu être son outrecuidance et son immense fatuité, ait pensé un seul instant qu'il allait faire reculer les grandes puissances européennes dans la voie où, pour couvrir sa manœuvre, il s'était si déloyalement engagé avec elles, car il savait mieux que personne qu'on ne se moque pas de l'Angleterre et de la Russie aussi facilement que de la nation française. Dans tous les cas, les fortifications de Paris n'étaient plus alors qu'une pure fanfaronnade, et une bravoure de poltron.

III.

S'il est donc établi, comme cela est sans doute possible, que les fortifications de Paris n'ont été obtenues qu'à l'aide d'une indigne manœuvre, d'une odieuse jonglerie, dans un but d'intérêts purement individuels, purement dynastiques, antinationaux, et surtout antipopulaires (vous ne pouvez vous dispenser de tenir compte de ce dernier point), il ne saurait être juste d'en faire supporter les frais à la nation, encore moins au peuple déjà si malheureux et si écrasé d'impôts. Dès lors il est juste de les faire supporter aux fauteurs et complices de cette œuvre coupable et insensée. Cela n'a pas besoin d'une plus ample démonstration.

IV.

Quant à la mesure proposée d'affecter, s'il y a

lieu, le résultat du compte à ouvrir aux biens de la maison d'Orléans, à créer une dotation inaliénable, un majorat pour l'armée, la pensée en est, ce me semble, facile à saisir. Je vais néanmoins l'expliquer.

Ce qui reste de l'ordre social, vous le savez, messieurs les représentants, repose aujourd'hui entièrement sur l'armée, sur sa bonne tenue, sa constance, sa sagesse, sa fermeté. L'armée est donc chargée d'une tâche difficile et d'une grande responsabilité envers l'avenir. Or, en vertu de quels principes moraux, de quels intérêts matériels qui lui soient particuliers peut-on lui faire un devoir de soutenir ce qu'on appelle l'ordre social, c'est-à-dire la famille, la propriété et l'État? Je ne parle pas des principes politiques, vous savez combien ils sont sujets à discussion. Croit-on qu'il suffise d'accorder à l'armée des droits fictifs et dérisoires qu'elle n'a jamais demandés, et de l'élever, par mesure générale, à la dignité électorale? Je ne le pense pas. C'est au rang de propriétaire qu'il faut l'élever.

Car de deux choses l'une : ou l'on abolira la conscription pour recruter l'armée par voie d'enrôlement volontaire, de manière à ce que la carrière militaire cesse d'être un impôt, mais une profession libre, sous la garantie de lois corporatives et spéciales et sous la protection de l'État, ce qui rendra, il est vrai, l'armée beaucoup plus dispendieuse; ou l'on maintiendra la conscription, et il sera impossible de continuer à appliquer l'armée à la défense de l'ordre social et de la propriété, sans l'élever elle-même au rang de propriétaire, sans lui constituer des intérêts matériels absolument de même nature que ceux qu'elle est appelée à défendre et à conserver.

Or on ne peut pas toujours espérer qu'à la faveur du vague et de la confusion des théories d'intérêt général, des mots sonores de dévouement, honneur, patrie et autres, qui ont déjà perdu beaucoup de leur prestige et qui n'ont même plus de base ni de sens aujourd'hui dans les États révolutionnaires et démocratiques, dont le premier mouvement, les intentions secrètes, l'instinct anarchique, sont de traiter l'armée avec défiance et avec mépris, on pourra continuer à imposer aux classes qui ne possèdent rien, l'obligation d'abandonner leurs professions, leurs foyers, leurs affections, et de sacrifier leur vie pour défendre les intérêts purement matériels des classes qui possèdent tout, sans qu'il soit possible de distinguer bien clairement quelle est la sanction morale et politique de cette possession : intérêts auxquels l'armée, en tant qu'armée, serait complétement étrangère, et en tant qu'individus, aurait à supporter l'impôt du service militaire, qui serait alors on ne peut plus mal réparti. Cela n'est ni juste, ni possible, ni durable. C'est un système d'exploitation qui touche à son terme, et vous voyez déjà dans les moments solennels, par exemple en juillet et en février, combien l'armée est indécise sur ses devoirs et sur la ligne de conduite qu'elle doit suivre, embarrassée qu'elle est du sentiment de l'équité.

Je ne crois pas nécessaire de m'étendre plus longuement sur ce point. Il serait également superflu de démontrer la nécessité de donner du travail aux classes ouvrières, et de venir à leur secours d'une manière prompte et efficace. Dans une seconde pétition, je demanderai l'adoption de mesures plus larges, de moyens plus étendus. Il me reste à montrer le danger et l'inutilité des fortifications de Paris.

V.

J'examinerai la question du point de vue général qui la domine, car elle ne saurait être envisagée sainement d'un point de vue purement militaire.

La capitale d'une nation, quelle que soit la forme politique de son gouvernement, ne saurait être considérée comme s'appartenant à elle-même. Elle appartient avant tout à la nation. Elle a pour première condition distinctive d'existence, pour premier devoir de haute convenance, de sociabilité nationale, de ne pas se fortifier matériellement, afin de ne pas faire naître le sentiment ni la pensée qu'elle veut s'imposer par la tyrannie. Elle doit commander l'estime, mais non pas la défiance. Elle doit être une ville parfaitement libre et parfaitement ouverte, où la nation tout entière puisse venir au besoin faire la police et rétablir l'ordre public quand les circonstances l'exigent, c'est-à-dire quand il est gravement menacé ou même renversé.

Car à quelles épouvantables calamités ne serait pas réduite une ville comme Paris, dont la population révolutionnaire est en quelque sorte l'égout de la France et de l'Europe entière, population à laquelle on accorde le droit de cité avec la légèreté la plus incroyable, si une insurrection populaire, secondée par l'inertie de la garnison, venait à triompher, comme cela peut encore arriver, et se rendait maîtresse du gouvernement et des forts détachés? Elle s'y porterait et les occuperait militairement. Si la garde nationale et l'immense majorité de la population, d'accord avec le reste de la France, voulaient résister, elle réduirait la ville à toutes les horreurs de la famine et d'un bombardement pour l'amener aux plus fantasques compositions.

Comment alors la nation pourrait-elle secourir Paris? Elle devrait donc en faire le siége; et qui peut prévoir que cette tentative de secours ne serait pas fatale à la partie vaincue de la population restée en otage?

Si, au contraire, l'insurrection populaire se rendait maîtresse de la ville, que la force publique fût obligée de se retirer sur les forteresses, comme cela peut encore arriver, alors la force publique serait elle-même obligée de réduire l'insurrection par la famine, et il n'est pas douteux, dans ce cas, que la ville de Paris ne soit pillée, saccagée et probablement incendiée.

Il est évident que la pensée des auteurs des fortifications, dans la supposition où une insurrection populaire aurait triomphé, était de maîtriser Paris et de le forcer à se rendre en arrêtant au besoin les subsistances. Mais Paris était toujours sacrifié, car la nature de la lutte qui existe aujourd'hui entre les classes pauvres et les classes riches, entre les maîtres et les ouvriers, c'est-à-dire entre le capital et le travail, est telle qu'il n'y a point de paix possible sans l'asservissement complet de l'un des éléments; et dans l'état de dissolution morale et politique où la société est tombée, une transaction amiable n'est même pas à espérer. La République, dans tous les cas, n'a pas qualité pour la stipuler ni la faire respecter.

VI.

Ainsi la sympathie que doit inspirer une capitale, le concours et l'appui qu'elle est en droit d'attendre de la nation reposent entièrement, exclusivement, sur sa beauté, sa splendeur, ses lumières; sur sa suprématie bienfaisante en toutes choses, sur sa puissance civilatrice enfin; mais nullement sur sa puissance militaire, ni sur sa force purement révolutionnaire. Or une nation ne peut rien attendre de bon d'une capitale emprisonnée et bouillonnante au milieu des donjons ; elle ne peut être portée qu'à s'en défier et à s'en détacher.

Il serait superflu de démontrer que les fortifications de Paris sont tout à fait inutiles au maintien de l'ordre intérieur et de la paix publique. Il est visible au contraire, pour peu qu'on y réfléchisse attentivement, qu'elles offrent les dangers les plus sérieux, les plus imminents. Du jour où elles seront armées entièrement, Paris sera à la veille d'une destruction complète. C'est un avertissement qu'il est bon de donner à ceux qui peuvent le quitter.

VII.

Il faut montrer maintenant que les fortifications de Paris sont également inutiles, en cas de guerre étrangère, car Paris n'est pas, à proprement parler, une position militaire à défendre et à laquelle il faille tout sacrifier. Sous ce point de vue, elles ne sont encore qu'une fausse mesure et de l'argent gaspillé.

Je ne parlerai pas des guerres offensives, qui n'ont pas un rapport direct avec l'objet de la présente pétition, mais seulement des guerres défensives que peut avoir à soutenir la France ; puisque ce sont elles qui ont servi de prétexte aux fortifications de Paris.

VIII.

Il ne peut y avoir que trois espèces de guerres possibles de la part de l'Europe contre la France : une guerre de commerce, une guerre de principes et une guerre de démembrement.

IX.

Une guerre de commerce ne pourrait être principalement que maritime, et n'aurait sans doute lieu qu'avec l'Angleterre. C'était donc nos forces navales qu'il fallait augmenter, et tout au plus les ports et les frontières qu'il fallait fortifier ; mais on ne comprend pas la nécessité de fortifier Paris, qu'il ne s'agirait pas de venir attaquer.

L'augmentation des forces navales de la France était la seule chose réellement importante pour la nation, surtout depuis la conquête de l'Algérie, et les hommes de juillet ne pouvaient pas l'ignorer ; mais ils étaient retenus par le veto de l'Angleterre et leur complicité avec son gouvernement, auquel ils avaient peut-être vendu secrètement la nation française, dont la livraison était toutefois difficile à effectuer.

X.

Une guerre de principes n'est pas possible dans

l'état actuel de l'Europe, quelque grave qu'il soit, parce qu'aucune puissance de l'Europe, ni même toutes les puissances réunies n'oseraient l'entreprendre, ne pouvant en mesurer la portée. L'Europe, quelles que soient ses inquiétudes et le fond de ses intentions, est forcée de se borner à un rôle d'observation. Sa tactique ne peut consister qu'à pousser la France à l'agression, à attaquer la première, afin d'avoir un prétexte plausible d'envahissement en la mettant dans son tort sur quelque question de territoire, en dehors de tout principe, de toute question politique; mais elle se gardera bien d'attaquer la première. Et malheur à la France si, guidée par des hommes sans lumières, elle commet cette faute irréparable. Toutefois je dois supposer ici que l'attaque partira de la France et pourra donner lieu à une troisième invasion des puissances étrangères. Je dis que dans ce cas même les fortifications de Paris sont complétement vaines, complétement illusoires.

Il est évident, en effet, que le succès d'une pareille guerre dépend entièrement, pour l'ennemi, des divisions de la nation, de son inertie, et surtout de l'anéantissement de ses armées; car si l'on admet la confiance et l'union entre la nation et son gouvernement, la foi dans les principes politiques, d'où résulterait une grande force morale et matérielle, le succès de l'ennemi n'est pas supposable un instant; et quand bien même l'Europe coalisée prendrait la capitale de la France, cela ne serait qu'un accident de la guerre et non pas une solution. L'Espagne et l'Allemagne en ont fourni une preuve mémorable sous l'Empire; la Russie a été sur le point de la fournir également. Et si, en 1814, l'empereur Napoléon avait encore eu avec lui deux cent mille hommes pour tenir la campagne, il n'était certainement pas vaincu malgré la prise de Paris, parce que la véritable capitale d'un royaume envahi est là où est un vér iable chef et une véritable armée.

Si l'union, la confiance, la foi politique n'existent pas au sein de la nation; si elle est dépourvue de force morale et désorganisée; si ses armées sont battues, affaiblies, découragées, il n'y a évidemment aucune espèce de fortifications qui puisse les suppléer : cela n'a pas besoin de démonstration.

Quel homme de bonne foi oserait soutenir que si Paris eût été fortifié en 1814 et en 1815, comme il l'est aujourd'hui, l'Empire était sauvé malgré les désastres de Leipzig et de Waterloo? Qui oserait soutenir que si Vienne et Berlin eussent été fortifiés, l'Autriche et la Prusse étaient sauvées dans les deux campagnes où elles ont succombé? Qui oserait encore soutenir que si l'armée française avait été battue à Denain, Louis XIV eût pu se défendre dans Paris, quelque fortifié qu'il fût? Il ne s'y serait assurément pas enfermé.

Et comment admettre, dans une pareille circonstance, que des fortifications puissent empêcher Paris d'être pris! Car où est la capitale fortifiée, dans aucune nation, qui ait jamais pu résister à la défaite de ses armées? Que sont devenues Troie, Carthage, Jérusalem? Elles existeraient peut-être encore si elles n'eussent pas été fortifiées. Une capitale fortifiée ne pourrait tout au plus prolonger inutilement la lutte que de quelques instants, au grand détriment des provinces et à son grand détriment, puisque les malheurs de la guerre sont toujours en raison de la longueur de la résistance.

Comment encore imaginer qu'une ville aussi considérable que Paris, qui aujourd'hui même ne vit qu'au jour la journée, puisse jamais soutenir un siége, c'est-à-dire la suspension totale de ses affaires, lesquelles constituent tous ses moyens d'existence et font toute sa vie, je ne dis pas pendant une année, mais seulement pendant un mois?

Dans une pareille circonstance, s'il y avait encore une garde nationale à Paris, la première mesure à prendre serait assurément de la désarmer, car elle serait évidemment portée à s'insurger pour contraindre la garnison à capituler. C'est même ce qu'elle pourrait faire de plus sage, parce qu'une capitale, pas plus qu'un roi, ne peut faire le coup de sabre avec l'ennemi, puisque c'est la seule condition pour elle de sauver son existence et d'être respectée. Car enfin l'Europe moderne n'est pas peuplée aujourd'hui de sauvages et de cannibales qui aient pour unique but de mettre tout à feu et à sang, et de nous manger tout vivants. Il est évident que les intrigants de juillet, pour assurer le succès de leur œuvre, ont voulu faire peur aux Français comme à des enfants.

Il est d'ailleurs très-facile de comprendre, sans être un homme de guerre, que le système des grandes places fortifiées, exigeant de nombreuses garnisons, est un système suranné; puisque la science de la guerre consiste principalement aujourd'hui dans l'art de faire mouvoir les armées, ce qui exige par conséquent le plus possible leur disponibilité et leur mobilité les plus complètes. Il ne faut donc que des forteresses de peu d'étendue, mais très-bien défendues, qui protègent leurs marches et leurs mouvements, car tout le succès de la guerre dépend du gain des batailles, et le gain des batailles dépend exclusivement de la mobilité, de la disponibilité et de la force des armées.

L'expérience prouve encore que, lorsqu'une armée ne peut tenir la campagne, et est réduite, pour se défendre, à s'enfermer dans une place forte, c'est une armée perdue.

Le sort de la guerre ne saurait donc dépendre des fortifications d'une capitale, qui serait la première de toutes les places qu'on dégarnirait, car on ne pourrait se priver d'une aussi forte garnison, pour la laisser à la fois en butte aux coups de l'ennemi et à ceux de la population.

XI.

Reste une guerre de démembrement. C'est la seule probable, la seule qui puisse être dans la force des choses. Dans ce cas, on ne comprend pas pourquoi les puissances étrangères seraient obligées de faire la conquête de Paris, à moins que ce ne soit précisément parce qu'il serait fortifié, pour le faire servir de place de guerre contre le reste du pays. Chacune des puissances se bornerait évidemment à prendre une ou plusieurs provinces à sa convenance pour remettre la France au point d'où elle est partie au début de la monarchie, après le démembrement du second empire d'Occident, et procéder de la même manière que la France a procédé elle-même pour s'agrandir, sous la troisième race, en s'emparant successivement de la Flandre, de l'Alsace, de la Franche-Comté, du Roussillon, etc.; car il ne serait pas nécessaire d'effacer la France tout entière, mais seulement de la réduire.

De quelle utilité seraient donc alors pour la France les fortifications de Paris? Elles n'auraient tout au plus quelque utilité que pour Paris seulement; mais à quoi serviraient-elles au reste de la France, qui les a si injustement payées? à rien évidemment, car ce n'est pas Paris qui couvre et protége la France, mais bien la France qui couvre et protége Paris.

Si Paris était réellement la ville essentielle à défendre par des fortifications, il serait presque raisonnable de faire démolir les forteresses des frontières pour en appliquer le prix des matériaux à rembourser les dépenses que ces absurdes fortifications de Paris ont occasionnées, il n'y aurait pas à cela plus de folie.

XII.

Des militaires appartenant au corps du génie ont soutenu cette opinion que les fortifications de Paris obligeraient désormais les armées étrangères qui voudraient envahir la France, à s'emparer premièrement des forteresses des frontières et ne pourraient plus faire une pointe sur Paris. Je ne crois pas que cette opinion soit sérieuse, et je ne m'arrêterai pas à la refuter. Elle me paraît seulement indiquer de la part de ces militaires une complaisance pour le gouvernement tombé en février. Il demeure toujours évident que le sort de la capitale dépend exclusivement des victoires et des défaites de l'armée.

XIII.

Il semble même qu'une des conséquences dangereuses qui doivent résulter des fortifications de Paris, c'est que donnant une grande force de résistance à une capitale, on diminue dans la même proportion la force de résistance morale et matérielle des autres villes fortifiées, car la vigueur et la ténacité de leur défense sont précisément en raison des périls dont la capitale est menacée. Si la question de la guerre doit, par un excès de centralisation, se décider sous les murs de la capitale, à quoi bon se battre à la frontière? Aussi est-il à craindre que ces villes ne se rendent facilement aux assaillants après un siége d'une courte durée, et qu'on n'ait créé à leurs garnisons un ennemi de plus à combattre dans la population, et une cause puissante de découragement et de défection.

Pour moi, je crois la conquête de la France d'autant plus facile que Paris est fortifié, parce que ces fortifications trompeuses ne sont bonnes qu'à donner à la nation une fausse confiance dans leur efficacité, et n'empêcheront pas l'ennemi de marcher droit sur Paris du moment qu'il aura défait nos armées, car il sait bien qu'une capitale ne peut se défendre longtemps.

D'ailleurs il faut craindre que la France, encore mal rétablie de ses longues guerres et de ses malheurs accablants, inquiète, tourmentée sur son avenir, profondément démoralisée par la duperie et la fausseté de ses révolutions, cherchant dans une nuit profonde, au milieu de conflits sanglants, la solution du problème de ses destinées et surtout de l'importante question de l'autorité, qu'il ne suffit pas de trancher par le triomphe d'une insurrection, solution sans laquelle il ne saurait y avoir ni repos, ni sécurité, ni tranquillité possible ou durable, ne ressemble à ces guerriers fatigués et découragés, d'autant plus faciles à vaincre qu'on les surcharge d'armures et de boucliers.

XIV.

De quelque manière qu'on veuille envisager la situation et l'avenir de la France, ses besoins politiques et moraux, il nous paraît impossible d'expliquer raisonnablement l'utilité des fortifications de Paris, si ce n'est contre la population même de cette capitale révolutionnaire, ni de leur trouver une autre justification vraiment soutenable.

Ces fortifications ridicules et criminelles, c'est un devoir d'en multiplier l'avertissement, ne peuvent manquer de faire naître les plus funestes événements. Elles n'ajoutent aucune force réelle à la France et vont provoquer inévitablement sa dislocation. Car, d'une part, elles auront pour conséquence nécessaire la prédominance, la domination de la puissance et de l'esprit militaires, sans aucun fondement raisonnable et sans compensation, c'est-à-dire très-arbitrairement. Cette prédominance de la puissance militaire une fois établie, il faudra qu'elle exerce son action sur la société, car elle ne pourra pas ne pas comprendre son importance, elle ne pourra pas rester dans un état d'abstraction purement philosophique ou purement constitutionnelle. Vouloir limiter l'action de cette puissance et la contenir dans une position toute passive au foyer même de l'agitation, c'est risquer de la mécontenter, et cela ne serait pas prudent. Il est donc clair que cette puissance militaire aura son action nécessaire et pèsera sur la société; il en résultera une oppression sourde ou avouée qui paralysera le mouvement des affaires et le développement de la civilisation. De là une souffrance incessante qui engendrera le mécontentement populaire, et par suite une plus grande importance de la puissance militaire, puis encore l'augmentation du mécontentement et de la puissance militaire, jusqu'à ce qu'enfin cette puissance éclate ouvertement sur la nation à la première occasion, ou soit par elle renversée.

XV.

D'autre part, les provinces plus éloignées de l'oppression ne pourront point rester dans l'état d'inaction, de fausseté politique et d'asservissement où la capitale sera plongée; elles chercheront nécessairement à se reconstituer sous un régime fédéral et indépendant, moins onéreux, moins arbitraire, plus favorable à leurs droits, à leurs libertés et à leurs intérêts. Et en cela elles auront grandement raison. Il serait même sage de la part de l'Assemblée nationale, pour le dire en passant, de les seconder et de régulariser ce mouvement, qui est inévitable. Car les provinces ne pourront toujours consentir à subir le joug pesant et la funeste influence de Paris transformé en citadelle du despotisme, du gaspillage et de la fiscalité, en nouveau château-fort d'une nouvelle et fausse féodalité, ni accepter à jamais les révolutions ou la tyrannie qu'il conviendra au peuple triomphant ou aux maîtres de cette capitale enchaînée de lui imposer. Elles ne pourront plus voir dans Paris la capitale de la France, mais seulement la capitale du budget ; la marmite autoclave de la civilisation.

En vain dira-t-on que les provinces envoient à Paris leurs représentants; mais qu'importe, s'ils peuvent être intimidés par le danger de l'incarcération, et s'ils doivent délibérer sous l'influence des baïonnettes et des canons. Il est présumable que ces représentants, par prudence ou par crainte, se mettront d'accord avec le pouvoir de fait, quel qu'il soit, contre le vœu des provinces, et il est clair qu'on criera contre eux à la lâcheté ou à la trahison; qu'ils perdront toute estime, tout crédit, et deviendront suspects à la nation. L'expérience d'ailleurs ne prouve-t-elle pas qu'on fait faire aux assemblées parlementaires tout ce que l'on veut. Et comment les représentants pourront-ils avoir désormais le courage de leurs opinions et remplir leur mandat, s'ils en ont un, puisqu'ils ne pourront plus faire acte d'autorité sur la puissance militaire qui les protégera, sans qu'il en résulte une conflagration? Leur impuissance pour faire le bien deviendra telle, qu'ils ne pourront plus rendre aucun service à la nation, et qu'elle ne verra dans leur réunion qu'une machine à contributions.

XVI.

On parle de la tyrannie des gouvernements absolus; mais où trouverait-on en Europe des despotes qui fissent payer à leurs nations de plus lourds impôts que les pouvoirs qu'on nomme représentatifs, et qui osassent cerner leurs capitales de bastilles et de canons? Il faut que les intrigants de juillet aient eu l'imagination parlementaire étrangement développée pour avoir fait élever une vingtaine de tribunes autour de leur parlement, dans le but d'y faire parler toute une armée munie d'une nombreuse artillerie. Assurément les despotes de l'Europe sont trop arriérés pour avoir jamais de pareilles inventions.

XVII.

Or, messieurs les représentants, il faudra bien arriver à l'un de ces deux résultats : ou les fortifications de Paris seront démolies, ou le pouvoir central ne pourra plus siéger à Paris sans se faire, involontairement peut-être, complice de l'arbitraire et de la tyrannie, soit militaire, soit populaire. Et je ne crois même pas que dans une pareille situation, dans un pareil milieu, les institutions et les lois émanant de l'Assemblée nationale puissent être considérées comme obligatoires pour la France. Mais ce que je crois fermement, ce qui me paraît inévitable, c'est que, si les fortifications de Paris ne sont pas démolies, la ville de Paris est une ville à jamais perdue, et il ne se passera peut-être pas quatre années avant que cette ville coupable ne soit noyée dans son sang et effacée de la liste des capitales du monde civilisé.

Je pense avoir expliqué suffisamment l'objet de la présente pétition, et avoir développé autant qu'il le fallait les motifs sur lesquels elle s'appuie; j'espère que vous voudrez bien la prendre en sérieuse considération.

XVIII.

Je ne puis m'empêcher de vous dire, en terminant, Messieurs les représentants, que vous êtes généralement considérés par l'opinion publique, et notamment par l'opinion populaire, à laquelle vous êtes, par position, obligés d'avoir quelques égards, comme une assemblée positivement réactionnaire. Si cela est vrai, ce n'est assurément pas moi qui vous en blâmerai. Je trouve même que cette réaction pourrait être on ne peut plus fondée et on ne peut plus nécessaire, car depuis 89 la France, sous la conduite d'hommes aveugles et insensés qui, pour la plupart, n'ont eu rien autre chose en vue que la satisfaction de leurs passions les moins honorables, ni d'autre but, en renversant les pouvoirs légitimes, que de s'y substituer pour donner un libre cours à leurs vices, à leur ambition et à leur amour de la domination; la France, dis-je, s'est égarée dans une voie fausse et dangereuse absolument sans issue. Il faut qu'elle revienne sur ses pas, si elle veut avancer de nouveau dans la route que la Providence lui a tracée. Il est dès lors très à propos de faire de la réaction en ce moment, mais il faut faire de la bonne réaction, parce que le salut de la France en dépend. Or prenez bien garde surtout d'en faire de la mauvaise, car vous en seriez les premières victimes et la payeriez peut-être de votre existence même. Je crois de mon devoir de vous donner cet avertissement. Je ne me flatte pas qu'il soit très-efficace ni très-favorablement accueilli; mais cela n'est pas mon affaire.

J'ai l'honneur d'être, avec tout le respect que je vous dois,

Messieurs les représentants,

Votre très-humble et très-obéissant serviteur,

MAURIZE.

2E PÉTITION

En faveur des classes pauvres et ouvrières.

Quiconque aura donné seulement un verre d'eau froide à l'un de ces plus petits, comme étant de mes disciples, je vous le dis en vérité, il ne perdra point sa récompense.

(S. MATTH., X, 42.)

TABLE DE LA 2e PÉTITION.

Paris, le 11 novembre 1848.

A MM. les Membres de l'Assemblée nationale.

I.

Messieurs les représentants,

Vous ne pouvez ignorer la misère et la profonde détresse des classes pauvres et ouvrières, misère et détresse que l'établissement de la République a beaucoup aggravées. Il est impossible, sans faire outrage à la morale divine, de laisser en cet état ces classes pauvres et ouvrières, surtout à l'approche d'un hiver qui sera fort difficile à traverser.

II.

Il faut absolument venir à leur secours et à leur aide d'une manière prompte et efficace, et ranimer l'industrie expirante dans tous les ateliers.

Il faut enfin chercher à élever le peuple du rang de simple producteur au rang de consommateur, rang auquel l'économie politique n'a pas encore su l'élever.

Vous êtes tenus de lui montrer qu'en le poussant

dans la carrière des révolutions, ce n'était pas pour l'abandonner ensuite dans un abîme de malheurs et de dépravation où il se dégrade, et où il peut perdre tout sentiment d'honneur et de moralité.

Il est vrai que vous ne pouvez plus aujourd'hui, par vos seules forces ni par les siennes, le retirer de cet abîme; mais au moins vous devez lui donner une preuve de compassion et de bonne volonté. Ce n'est pas, ce me semble, trop demander.

III.

Un de vos collègues, le citoyen Proudhon, vous a très-bien fait comprendre la nécessité d'entrer dans une voie large d'améliorations, et vous en a donné des raisons qu'il considère comme capitales. Je suis loin d'être le partisan de ses doctrines, mais je ne puis m'empêcher de reconnaître qu'il s'est placé sur le véritable terrain de la question.

Déjà dans une précédente pétition, en date du 3 de ce mois, j'ai demandé qu'on procurât du travail aux classes ouvrières par la démolition des fortifications de Paris, mais ce moyen est très-insuffisant, ne s'appliquant qu'à une seule localité.

IV.

La présente pétition a pour objet de proposer des moyens plus étendus et plus directs.

Je demande en conséquence qu'il soit établi sur tous les revenus nets et sur tous les traitements, y compris ceux de l'industrie privée, un impôt extraordinaire de DEUX CENTS MILLIONS, réparti en proportion de ces revenus et de ces traitements. J'estime qu'il équivaudra à une taxe moyenne de 10 p. 0/0.

Ces 200 millions seraient employés en totalité à fournir aux familles pauvres et industrieuses des villes et des campagnes des secours en habillements de toute espèce, outils, ustensiles, meubles, améliorations et assainissements de logements, en subsistances, etc., etc.; c'est-à-dire qu'ils seraient distribués *exclusivement en nature* et donneraient ainsi lieu à d'importantes commandes à faire à l'industrie privée, ce qui relèverait le travail d'autant et doublerait, par le fait, les secours accordés.

V.

La distribution de ces 200 millions en nature aurait lieu *exclusivement* par les soins et sous la direction du clergé de France, aidé des bureaux de bienfaisance. Ils seraient ensemble chargés d'apprécier les besoins réels et les titres matériels et moraux des demandeurs et ayant-droit. Le clergé et les bureaux de bienfaisance seraient en même temps chargés de contrôler les bénéfices légitimes des industriels dans les commandes qui leur seraient faites. On devrait, autant que possible, s'interdire la création d'ateliers nouveaux pour les fournitures et confections, et se servir de ceux actuellement existants, puisqu'il s'agit de leur donner de l'activité et non pas de leur faire concurrence. Il est bien entendu que cette distribution aurait lieu par les moyens les plus économiques possibles. L'organisation de ces secours serait d'ailleurs l'objet d'une étude spéciale dont il n'est pas nécessaire de s'occuper ici.

VI.

Tous les évêques de France, sous la direction desquels on placerait, à cet égard, les bureaux de bienfaisance, seraient requis de fournir, dans le plus bref délai, un état des besoins de leurs diocèses et leur demande à la répartition des 200 millions, c'est-à-dire leur projet de budget, avec un rapport justificatif à l'appui. L'Assemblée nationale statuerait et fixerait le budget définitif pour le rendre exécutoire. Il serait inutile de s'occuper plus longuement des voies et moyens qui sont du ressort de l'administration supérieure.

Les projets de budget et les rapports des évêques auraient l'avantage d'être un prélude d'enquête qui ferait connaître, pour chaque localité, la situation et les besoins des classes ouvrières et nécessiteuses de la France entière. Ces documents pourraient fournir de nouvelles lumières sur les moyens de satisfaire à ces besoins.

VII.

On dira peut-être que cette mesure est un acheminement à la taxe des pauvres ; que c'est même, au fond, la taxe des pauvres légalement établie au moins pour une année. Oui sans doute ; mais qu'importe? Il faut enfin secouer le joug des mots et mettre un terme à d'inutiles déguisements. Le secours offert ou accordé n'a rien de dégradant pour l'homme quand c'est l'État qui l'ordonne et la Religion qui le distribue. D'ailleurs s'il est des pauvres qui se trouvent offensés dans leur dignité d'hommes par ces secours légitimes, ils seront bien libres de ne pas les réclamer ou de les refuser. Mais il ne faut pas s'inquiéter, le nombre des demandeurs ne laissera pas d'être encore assez grand pour absorber l'impôt proposé.

La taxe des pauvres existe de temps immémorial sous des mots qui la dissimulent vainement, et elle s'accroîtra sans cesse tant qu'on n'aura pas trouvé la loi de l'organisation du travail et de la solidarité humaine. Il faut donc en prendre son parti et régulariser provisoirement cet inconvénient, qui n'est heureusement pas inséparable de nos destinées. Et la distribution en nature, en ranimant le travail, est le seul moyen d'empêcher cette taxe de s'établir d'une manière permanente et de s'accroître indéfiniment.

VIII.

Quant à la mesure qui consiste à charger le Clergé de France du rôle principal en cette circonstance, elle se justifie d'elle-même. On comprend en effet qu'il faut des garanties morales et professionnelles pour effectuer convenablement et avec tout le discernement nécessaire, cette distribution. Les administrations municipales sont trop négligentes, trop préoccupées et d'une charité trop peu intelligente pour s'acquitter avec soin de ces nombreux détails, et on risquerait fort de voir les 200 millions passer par les mains d'hommes sans probité, qui se les approprieraient au grand préjudice des malheureux destinataires, ou qui en feraient une très-mauvaise distribution.

Je croirais vous faire injure, Messieurs les représentants, si je cherchais à exciter plus vivement vos sympathies envers les classes pauvres et ouvrières. J'espère qu'elles leur sont acquises et que vous ferez en conséquence, avec toute la prudence qui vous distingue, un accueil favorable à la présente pétition.

Car vous le savez, depuis que les révolutionnaires se sont emparés des biens du Clergé catholique, le pauvre peuple a perdu sa liste civile et se trouve réduit au désespoir, ce qui peut avoir pour l'ordre social les conséquences les plus désastreuses.

J'ai l'honneur d'être, etc.

MAURIZE.

3e PÉTITION

Pour le rétablissement de la Monarchie.

Rendez à César ce qui est à César, et à Dieu ce qui est à Dieu.

(S. MATTH., XXVI, 21.)

TABLE DE LA 3e PÉTITION.

CHAPITRE PREMIER.

EXAMEN GÉNÉRAL DE LA SITUATION POLITIQUE.

CHAPITRE II.

CONSIDÉRATIONS GÉNÉRALES SUR LES SOCIÉTÉS EUROPÉENNES.

CHAPITRE III.

CONSTITUTION ORGANIQUE DES SOCIÉTÉS EUROPÉENNES.

CHAPITRE IV.

DE L'ORDRE ET DU DÉSORDRE DANS LES SOCIÉTÉS EUROPÉENNES.

CHAPITRE V.

DU RÉGIME INDUSTRIEL ET COMMERCIAL DES SOCIÉTÉS EUROPÉENNES.

CHAPITRE VI.

DU PRINCIPE DU DROIT DIVIN.

CHAPITRE VII.

CONCLUSION.

Paris, le 28 novembre 1848.

A MM. les Membres de l'Assemblée nationale.

MESSIEURS LES REPRÉSENTANTS,

Je demande, par la présente pétition, que l'Assemblée nationale rende un décret et prescrive les mesures convenables pour le rétablissement en France de la Monarchie publique, dans la personne de l'héritier légitime de la couronne royale, et sous l'invocation du principe du DROIT DIVIN. Principe essentiel et véritable de la royauté, principe exclusivement conservateur et moteur de toutes les sociétés humaines. Car ce principe n'est point une fiction, comme on a feint de le croire : il est le seul éminemment positif, éminemment salutaire. Tandis que le principe de la souveraineté du peuple, qu'on cherche vainement à lui opposer, et qu'il faudrait, pour être conséquent, appeler le principe du droit infernal, puisqu'il est fondé sur la révolte, n'est, lui, au contraire, qu'une fiction réelle, un non-sens déplorable, une pure négation destructive de tout ordre social, en opposition formelle aux intérêts du peuple même.

Ce n'est pas le principe de la souveraineté du peuple, vous le savez, qui a fait la France, mais c'est lui qui en causera inévitablement la perte si l'on persiste à l'invoquer.

Il faut donc se hâter de le répudier, ce principe impie et funeste, qui nous a coûté déjà tant de sang et de larmes, tant de crimes et de misère, afin de mettre promptement un terme à l'épouvantable anarchie qui désole notre malheureuse patrie; anarchie qui entraînerait sa ruine complète, si elle se prolongeait encore quelque temps et si Dieu ne nous secourait.

Il faut, cela est également indispensable, renouer la chaîne des vérités et des traditions, violemment rompue par la démence et l'aveugle fureur des révolutionnaires.

Je m'engage à démontrer ce que j'étais obligé d'avancer ici ; et, pour plus d'ordre et de clarté, je diviserai la présente pétition par chapitres.

CHAPITRE Ier.

EXAMEN GÉNÉRAL DE LA SITUATION POLITIQUE.

I.

Vous avez reçu de la partie dominante de la nation, Messieurs les représentants, des pouvoirs illimités. Vous pouvez faire tout ce que vous voulez. Rien ne circonscrit la mission que vous vous êtes donnée, rien ne restreint votre action politique.

Vous pouvez prendre telle mesure que vous jugerez indispensable au salut de la patrie, décréter telle forme de gouvernement qu'il vous plaira, vous soumettre à tel prince que vous voudrez.

Vous n'avez même reçu aucun mandat spécial de reconnaître la République, et vous ne l'avez proclamée, sans aucun examen préalable, ce qui était cependant fort nécessaire, que sous l'influence d'une nécessité que vous avez pu croire extrême ; c'est-à-dire que cette proclamation vous a été arrachée précipitamment, par surprise et avec préméditation, à l'aide d'une manœuvre déloyale que tout le monde a su apprécier.

En droit et moralement, vous êtes parfaitement libres.

En fait et matériellement, vous devez l'être aussi, à moins de reconnaître que vous n'êtes pas à la hauteur des circonstances graves où nous nous trouvons. Alors ce serait un devoir de vous retirer. La prudence même devrait vous le conseiller, malgré toutes les appréhensions qui peuvent vous circonvenir.

A la vérité, vous n'êtes exclusivement qu'un pouvoir de fait purement transitoire, résultant du triomphe éphémère de la ruse et de la force brutale, c'est-à-dire de l'absence de tout pouvoir véritable et régulier. Néanmoins vous exercez l'autorité suprême dans toute sa plénitude, sans opposition, sans contradiction aucune.

Vous n'êtes pas, à proprement parler, je le reconnais, l'Autorité suprême elle-même, c'est-à-dire souveraine, puisque cette autorité est censée résider dans la nation tout entière dont vous émanez. Elle n'y réside pas plus qu'en vous assurément, mais enfin, à la faveur d'une fiction admise, vous êtes censés la représenter.

Cette position supérieure, toute fausse qu'elle est, fait peser sur vous une immense responsabilité à laquelle vous chercheriez vainement à vous soustraire. Cela suffit dès lors pour justifier toutes les mesures que vous croiriez devoir prendre dans un intérêt de salut public. Cela vous permet d'avoir égard à la présente pétition, si vous la jugez digne de votre attention, et d'écouter les raisons que j'ai à vous soumettre.

J'ignore si vous lui ferez un accueil favorable, mais j'ai la conscience de remplir un devoir en vous l'adressant, je n'ai pas autre chose à examiner.

II.

Citoyens représentants, puisque c'est ainsi qu'on vous nomme, vous n'êtes certainement pas républicains, cela est très-visible ; je ne dis pas tous sans exception, mais la très-grande majorité de votre

Assemblée. Permettez que je vous en félicite; car en cela vous vous montrez très-sensés et votre raison est un bon guide.

Malheureusement vous n'avez pas le courage de vos opinions, ou plutôt de vos convictions intimes. Vous pouvez être de fort honnêtes gens, je l'espère; mais vous manquez nécessairement de l'énergie et des lumières que donnent seules les grandes vertus chrétiennes, et vous vous dites dans la tristesse de vos âmes : La République nous effraie, il est vrai; nous ne savons où elle nous conduit. Nous avons été forcés de l'accepter et nous sommes contraints de la subir. Hélas! comment faire?

La Monarchie est tombée quatre fois en France. Elle est vivement attaquée et fortement ébranlée dans toute l'Europe. Le nouveau monde la repousse avec dédain. Elle paraît prête à succomber sous le poids de son insuffisance, de ses imperfections et de sa caducité. Le soulèvement des peuples est presque universel. L'océan du prolétariat déborde de toutes parts et emporte dans sa fureur les obstacles qu'on cherche à lui opposer; ils ne servent même qu'à lui faire projeter ses vagues à une hauteur et à une distance incalculables. L'esprit de sédition souffle avec une rage qui menace d'arracher jusqu'à l'herbe des champs. La misère étend sa pâleur sinistre sur toutes les nations. L'épouvante a gagné tous les esprits. Le monde entier enfin semble préluder au triomphe définitif et à l'avénement des forces, des idées et des principes révolutionnaires.

L'évidence nous accable, nous ne pouvons plus la contester.

Comment donc la Monarchie serait-elle désormais possible en France? Comment pourrait-elle jamais se relever? Comment pourrait-elle être durable? La noblesse est détruite, le clergé renversé!

Par quel miracle la Royauté, qui est la condition principale de la Monarchie, pourrait-elle donc se rétablir et se maintenir sans appuis au milieu de tant de ruines, au sein même de la plus ardente fermentation, sur un sol taché de son sang, dont la trace n'est pas encore effacée? Comment lui pardonner les crimes qu'on a commis sur elle? Comment vaincre tant de difficultés terribles et insurmontables?

Et moi je viens vous dire :

La Monarchie se relèvera en France, grande, forte, durable, populaire. Elle se relèvera dans le monde entier, dans un temps qui ne saurait être éloigné, et la République ne prévaudra pas contre elle.

Je suis le premier à reconnaître, citoyens représentants, que, si la Monarchie devait jamais se rétablir en France semblable à la fausse et illégitime monarchie de juillet, qui s'est écroulée, et que la révolution de février a heureusement fait disparaître; cela serait en effet impossible. Car cette monarchie, établie contre tous les principes au profit de la maison d'Orléans, pourrissait la France et la conduisait à sa ruine certaine par le chemin du déshonneur et de la corruption la plus dégradante, la plus effrontée. Tout le monde est d'accord sur ce point.

Mais la monarchie véritable se rétablira en France, cela est indubitable. Je vous en dirai bientôt les raisons.

Je viens donc vous convier, dans l'intérêt de la nation entière et dans votre intérêt même, de concourir à son rétablissement ; non pas, sachez-le bien, dans l'intérêt de la royauté, dont je ne suis nullement l'émissaire et qui peut se passer de votre protection. Vous pouvez être les coopérateurs de la Providence ; vous ne sauriez lui faire obstacle.

III.

Depuis 89, citoyens représentants, ainsi que je l'ai déjà dit dans ma première pétition, la France, sous la direction d'hommes aveugles et insensés, dont le mobile secret n'a jamais eu rien d'honorable, s'est égarée dans une voie fausse et pernicieuse, absolument sans issue, et il faut, pour éviter d'y périr, qu'elle revienne sur ses pas, afin de reprendre la route que la Providence lui a tracée.

Or, la révolution de février n'est pas autre chose au fond que la France opérant ce mouvement de retour salutaire, et revenant à la Monarchie et à la

Religion par le même chemin qu'elle a suivi pour les quitter et s'en éloigner. La Monarchie et la Religion sont restées en arrière comme les poteaux indicateurs qui doivent aider la France à se retrouver.

La Monarchie est la seule ancre de salut qui reste à la France aujourd'hui. C'est la seule forme de gouvernement possible, non-seulement en France, mais en Europe, mais dans le monde entier; la seule forme qui puisse reposer sur la vérité et avoir une sanction morale et religieuse dont aucune société ne saurait se passer.

Il est donc absolument nécessaire de travailler à son rétablissement, je ne dis pas sur la base qu'elle avait avant 89, ni même avant 1830, base beaucoup trop étroite et sur laquelle elle ne saurait désormais se soutenir, mais sur une base nouvelle suffisamment large pour lui assurer une entière stabilité. Cette base existe. La présente pétition a pour objet de vous indiquer quels sont les éléments qui doivent la composer.

L'État républicain, citoyens représentants, n'est tout au plus possible que dans l'enfance des nations, où les populations incomplètes et clair-semées permettent une libre et facile extension; mais il ne peut convenir aux sociétés viriles, qui ont atteint leur maturité, et dont les populations sont arrivées à un certain degré de densité et de pression qui ne leur permet plus de s'élargir à l'aventure. Or, le système politique et les principes sur lesquels cet état repose étant purement négatifs, exclusivement basés sur la défiance et l'envie, sur un despotisme plein d'arbitraire ou sur une liberté fausse et illusoire, c'est-à-dire sur la licence et l'anarchie en permanence, sur les vices du cœur humain, sur le désordre moral et matériel enfin, décoré de mots sonores mais vides de sens, ou bien sur la stagnation la plus complète de la société ; ils ne peuvent rien régler avec justice, ou ils ne peuvent rien fonder qui ne soit destiné à disparaître après la tourmente révolutionnaire apaisée.

Le système républicain, comme moyen d'organisation politique et sociale, n'est pas un instant soutenable, puisqu'il consiste précisément à méconnaître, ainsi que je le ferai voir, les conditions mêmes, les principes essentiels de toute organisation, de toute association humaine. Ce n'est donc pas autre chose au fond qu'une vaine théorie politique, qu'une absurbe machine qui ne saurait fonctionner, et, pour tout dire en un mot, qu'une véritable ânerie, une ânerie colossale.

IV.

La France, citoyens représentants, n'est pas et n'a jamais été républicaine, et il faut bien espérer pour elle qu'elle ne le sera jamais. La République n'est d'ailleurs possible et n'existe nulle part en réalité : c'est une pure illusion, une inepte fiction, une étrange erreur de l'esprit humain. C'est ce qu'on peut dire de moins sur ce point.

La République n'a jamais été bonne que pour détruire et renverser; mais elle ne saurait rien fonder de stable que la Monarchie, dans tous les cas, ne puisse fonder beaucoup mieux, car la monarchie n'est incompatible avec aucune espèce d'améliorations, ni de progrès véritables, et c'est toujours la Monarchie et la Royauté qui ont été les agents principaux du développement des sociétés humaines.

Il n'y a même qu'une Monarchie convenablement organisée et fondée sur le principe du Droit divin, qui puisse réaliser le bien désiré ou entrevu par quelques hommes sincères et estimables, égarés pendant la tempête ou pendant la nuit dans le parti républicain.

La République, il est à propos d'insister avec force, n'est fondée que sur le mensonge, le charlatanisme, l'athéisme et la violence; ou, pour le moins, sur l'erreur, l'orgueil et l'illusion; c'est-à-dire que la forme républicaine est une pure mystification. Elle n'est pas dans le vœu ni dans les sentiments de la nation; elle est contraire à tous ses intérêts; elle n'existe que par surprise, et il est visible qu'elle augmentera de plus en plus les malheurs, la misère et par suite la dégradation, l'opprobre des classes pauvres et ouvrières; qu'elle entraînera finalement, pour peu qu'elle se prolonge, je le répète encore, car cela est nécessaire, la ruine et l'anéantissement de notre patrie.

V.

Tous les principes sur lesquels sont fondées les Républiques modernes sont faux; toutes les maximes qu'elles invoquent sont erronées, mensongères, captieuses, négatives, quoique les plus importantes soient empruntées à l'Évangile, qui est la source de toute vérité. Mais elles ont été soustraites du domaine de l'Église, arrachées de leur cadre, privées de l'entourage qui en détermine le sens et la valeur réelle; ornées d'interprétations arbitraires; mélangées aux aphorismes de l'incrédulité, et par là complétement sophistiquées, complétement frelatées. En telle sorte que les révolutionnaires ont fait de l'Évangile de Dieu un instrument à l'usage du commerce et des intrigants.

Est-ce à dire que la notion de la République et les formidables clameurs qu'elle répand aujourd'hui n'aient pas une cause véritable, et ne soient pas pour les masses un cri de douleur arraché à leurs souffrances, un moyen de manifester de nouveaux et légitimes besoins ? Assurément je suis loin de le nier et de prétendre qu'il ne faut pas répondre à ces besoins. Je crois même que c'est de la dernière importance, en faisant toutefois la part de l'exagération ; mais je soutiens en même temps que ce n'est exclusivement que par la forme et les principes monarchiques qu'on peut y arriver, et nullement par la forme et les principes républicains, qui ne peuvent produire que des résultats diamétralement opposés à ceux qu'on se propose d'obtenir, tellement Dieu, sur ce point, est intraitable.

VI.

Citera-t-on la République toute moderne des États-Unis ? Mais cette prétendue République, encore au maillot, comme on l'a dit avec raison, ne prouve absolument rien : son existence éphémère ne tient qu'à des circonstances purement locales, qui disparaîtront sous l'accroissement et la pression de sa population. Cela est tellement senti et tellement prévu aux États-Unis mêmes, que toute la politique de ces États consiste principalement dans l'extension incessante du territoire. Aujourd'hui la population incomplète des États-Unis n'est qu'une ligue fédérative contre la mère-patrie, d'individus dispersés ou juxtaposés entre lesquels certain pacte, certaines conventions, certaines garanties temporaires et peu solides sont stipulés ; mais, à proprement parler, c'est un corps sans homogénéité politique et religieuse, sans âme, sans unité. Ce n'est pas là une nation : c'est de la chair humaine qui grouille et s'étend, voilà tout. Il n'y a en ce moment aucune induction à en tirer. Car cette chair humaine, jetée à la mer sur les côtes d'Angleterre, il n'est pas encore prouvé qu'elle ne sera pas détruite sur les bords où les flots l'ont portée.

D'ailleurs il faut ici faire une observation importante : c'est que la population des États-Unis est entièrement d'origine, de formation et de mœurs monarchiques, et que sa constitution intime et réelle n'est nullement une République, mais une fausse monarchie tout à fait semblable, sauf quelques différences peu importantes, à celle de l'Angleterre, qui n'est elle-même qu'une fausse république aristocratique avec un souverain nominal à l'état de mannequin politique, pour ne pas employer la comparaison plus énergique dont se servait Napoléon. Toutefois ces différences légères ont néanmoins l'avantage, en faveur des États-Unis, il est juste de le reconnaître, d'avoir fait de ce peuple la nation de spéculateurs et de banqueroutiers la plus remarquable du monde entier.

Mais, toute fausse qu'elle est, cette fausse monarchie, c'est cependant à elle que les États-Unis doivent de ne pas être en proie à l'épouvantable anarchie qui dévore les républiques de l'Amérique méridionale, où les Européens sont en minorité, n'ayant point chassé devant eux les naturels du pays. Mais un peu de patience, et cette anarchie ne peut manquer d'arriver.

Je ne parlerai pas de la Suisse. Il est inutile de s'y arrêter.

Il serait également superflu de parler des républiques de l'antiquité. Elles n'ont pu se soutenir et n'ont donné lieu en tous pays qu'à des États sociaux les plus méprisables et les plus monstrueux qui aient encore existé.

VII.

La lutte qui a éclaté à la révolution de février, citoyens représentants, est évidemment une lutte entre le pauvre et l'*enrichi;* entre celui qui, à la faveur illégitime de l'inégalité des conditions, et nonobstant le but et la moralité des moyens, est devenu possesseur de quelque chose, et celui qui ne possède toujours rien, malgré sa participation révolutionnaire. Elle n'est pas précisément, sauf quelques cas particuliers, entre le propriétaire et le fermier, elle est entre le maître et l'ouvrier, c'est-à-dire entre le capital mobilier et le travail. En d'autres termes, la lutte n'est pas dans l'élément territorial, mais dans l'élément industriel. Il faut de toute nécessité en trouver la solution, cela n'a pas besoin de démonstration.

Mais on s'apercevra bientôt que le capital et le travail ne sont pas les points culminants de la question, et que, posée en ces termes, elle ne peut donner lieu qu'à des conflits d'intérêts purement matériels, et se résoudre que par le triomphe de la force brutale et finalement par l'anéantissement de la civilisation : c'est-à-dire par le retour au despotisme déclaré et à la barbarie, qui sont contraires à l'idée qu'on se fait de la République elle-même, puisqu'on se propose de la fonder sur les mots liberté, égalité, fraternité, mots que les républicains toutefois ne sauraient expliquer ni définir d'une manière acceptable.

Un de vos collègues, homme éminent et d'une grande portée d'esprit, par sa logique révolutionnaire et inexorable, bien qu'engagé dans une fausse voie philosophique, a très-bien vu le fond des choses, et ce n'est pas sans de puissantes raisons qu'il a posé en fait comme en droit, que l'ancienne société était arrivée à une époque de liquidation; que cette liquidation même avait été ouverte en février. Il aurait été tout à fait dans le vrai s'il avait dit *la société révolutionnaire*, car il est évident que la révolution est à la veille de déposer son bilan. Mais ce collègue se trompe lorsqu'il affirme que le peuple, ou une autorité émanant de lui, puisse être le liquidateur de la société révolutionnaire elle-même.

Il n'y a que le Roi et le Pape qui aient qualité pour procéder à la liquidation d'une société, qui en soient les liquidateurs naturels et légitimes. Comme il n'y a que le Roi et le Pape qui puissent réorganiser la société et la rétablir sur ses fondements véritables.

Sans leur concours et leur appui, toutes les sectes, tous les systèmes, tous les partis sont impuissants pour accomplir cette œuvre.

VIII.

La révolution de février, citoyens représentants, n'est pas, à proprement parler, une révolution dans le sens ordinaire qu'on attache à ce mot, c'est-à-dire un simple changement de gouvernement, avec remaniement du personnel, ainsi que beaucoup de gens voudraient aujourd'hui le faire croire; c'est la chute naturelle et inévitable d'un ordre politique sans fondement, qui reposait sur les plus faibles appuis et qui s'est soutenu, par on ne sait quelle adresse, pendant dix-huit ans. Quand bien même le peuple de Paris ne l'aurait pas poussé du bout du doigt, il serait tombé tout seul quelque temps après sous le poids de ses embarras politiques et financiers.

Aussi la révolution de février, il ne faut pas s'y tromper, est au fond le prélude d'une *rénovation sociale*. Ce n'est pas seulement une révolution dans l'ordre politique, c'est le début d'une révolution immense dans l'ordre moral et religieux, révolution annoncée par J. Demaistre au commencement de ce siècle.

Mais dans l'ordre politique, c'est simplement la clôture de la période de juillet qui n'a produit que la corruption et la dissolution complètes de la société révolutionnaire qui date de 89, c'est-à-dire du tiers état, période qui peut se résumer historiquement de cette manière :

En juillet 1830, le peuple de Paris avait mis des ordures sur le trône de France ; elles viciaient l'air et infectaient la société. En février 1848, il les a enlevées et a brûlé le trône pour le purifier, mais la couronne est restée sauve au-dessus des événements.

La révolution de février, c'est encore le vaisseau de la France faisant naufrage ou plutôt échouant sur les bas-fonds de côtes inexplorées. Des voleurs et des brigands accourent en grand nombre sur le rivage pour s'emparer de la cargaison et la piller, criant qu'elle est à eux. Et déjà ils commencent à se battre pour savoir qui l'aura. Le peuple regarde ; mais le vrai propriétaire viendra la réclamer et remettra à flot son vaisseau, qui arrivera au port pour lequel il est destiné.

IX.

Et maintenant, citoyens représentants, permettez-moi de vous exposer les considérations majeures sur lesquelles se fonde la présente pétition. Ces considérations sont éminemment sérieuses, je dois vous en prévenir, et ce n'est pas trop que de réclamer toute votre attention.

J'aurai aussi à vous entretenir de Dieu, puisque j'ai à vous parler du Droit divin. J'espère, citoyens représentants, que vous ne vous en formaliserez point.

J'avouerai même qu'en m'adressant à vous, j'ai compté ne point parler à des athées égarés sans retour dans les labyrinthes de l'erreur et du scepticisme. Autrement la présente pétition, qui a pour objet le rétablissement de l'ordre véritable en France, serait un non-sens perpétuel; car, du point de vue de l'athéisme, l'anarchie, le désordre et toutes ses suites sont parfaitement rationnels et l'enfer s'en réjouit. Mais du point de vue religieux il n'en est point ainsi; et je justifierai les accusations formelles que je ne crains pas de porter contre la forme républicaine, qui est la source, le stimulant et le prétexte de tous les désordres et de tous les forfaits, comme elle est la cause de toutes nos calamités publiques.

CHAPITRE II.

CONSIDÉRATIONS GÉNÉRALES SUR LES SOCIÉTÉS EUROPÉENNES.

I.

Toutes les sociétés humaines, comme l'homme lui-même, ont une raison d'existence indépendante de leur volonté, dont elles ne sont point les promoteurs. Elles sont originairement de formation divine. Personne ne saurait contester ces vérités primordiales enseignées par les Écritures et avouées par la conscience universelle.

Ces sociétés reposent toutes sur une circonscription territoriale, sur un élément fondamental et générateur, sur un principe essentiel et régulateur plus ou moins bien établis, mais qui n'émanent point d'elles, et qui tous les trois réunis forment la loi positive et providentielle de leur développement, de leur force, de leur stabilité et de leur conservation; leur état normal enfin : c'est-à-dire les conditions indispensables sans lesquelles on ne pourrait même pas s'en former une idée, qu'il s'agit de reconnaître et non pas d'imagner.

Je ne m'occuperai que des sociétés de l'Europe moderne. Cela suffit à l'objet de la présente pétition.

II.

Toutes les sociétés en Europe, les États de l'Église exceptés, je le dis ici une fois pour toutes, sont exactement semblables et de même nature; elles sont établies toutes sur les mêmes éléments fondamentaux.

Ces éléments sont au nombre de trois :

L'élément territorial ou la propriété foncière, le sol, la circonscription.

L'élément générateur ou la famille.

Et l'élément moteur et régulateur ou l'autorité, la fonction suprême.

Ces trois éléments principaux ne peuvent jamais résulter les uns des autres, puisqu'ils ne sont même pas nés simultanément, mais successivement, et qu'ils sont essentiellement différents.

Ils sont tous trois premiers entre eux et ont chacun leur importance caractéristique et leur valeur intrinsèque : une fois unis, ils ne peuvent être divisés sans compromettre gravement leur existence.

Mais, parmi ces trois éléments, il en est un qui se distingue des deux autres d'une manière toute particulière en ce qu'il sert de base aux sociétés, et qu'il est cependant variable dans ses combinaisons, jusqu'à ce qu'il ait trouvé sa forme définitive : c'est l'élément générateur, ou la famille. Les deux autres éléments sont en quelque sorte fixes et invariables, du moins dans leur principe d'existence et de manifestation.

C'est par l'élément générateur qu'on reconnaît le titre d'une société et son degré d'avancement ou de civilisation.

Cet élément n'est susceptible que de trois états déterminés qui correspondent aux différentes espèces de sociétés et de formes sociales : l'état simple ou individuel, correspondant à la barbarie ; l'état composé ou familial, correspondant à la civilisation juive ou chrétienne ; et l'état intégral, correspondant à l'unité universelle.

La condition essentielle, indispensable, absolue, pour qu'une société quelconque soit bien organisée, stable, normale, pour qu'elle puisse se conserver, se mouvoir, se développer et fonctionner régulièrement, c'est que l'élément générateur, qui seul détermine la forme politique et la nature du gouvernement, soit exactement, identiquement le même depuis le plus infime degré de l'échelle sociale jusqu'au degré le plus élevé; c'est-à-dire depuis la base de l'édifice jusqu'au sommet, et qu'il soit représenté par un pouvoir supérieur destiné à former la personnification la plus parfaite possible, l'image vivante de cet élément fondamental, et le type même de la société. C'est là, pour le dire en passant, une des conditions principales de la légitimité du pouvoir dans l'ordre politique.

III.

Lorsque, dans une société quelconque, l'élément générateur dont elle est formée n'est pas identiquement de même nature que l'élément typique, ou le pouvoir suprême, et réciproquement, il faut de toute nécessité que la société réforme le pouvoir ou que le pouvoir réforme la société, parce qu'il n'est pas possible que deux éléments de nature différente et opposée subsistent en paix dans le même milieu : ils doivent chercher à se détruire entièrement, puisque l'un tend invinciblement, par l'effet du mouvement, à devenir le dominateur de l'autre, afin de le régulariser, de le transformer conformément à lui-même, et que celui-ci ne saurait consentir, sans cesser d'être, à se laisser dominer ni régulariser par une force qui lui est étrangère, et encore bien moins recevoir une forme qui lui est contradictoire.

Il résulte de là une incompatibilité, une antipathie insurmontables qui rompent, par l'hostilité, le seul lien possible entre le pouvoir et la société, lien qui consiste exclusivement à se ressembler en toutes choses, à n'avoir que le même principe, la même condition d'existence, la même loi de formation et de développement. Dès lors la société tout entière est inévitablement en état de révolution latente ou déclarée, et tend à laisser l'anarchie s'établir en permanence; c'est-à-dire qu'elle est en voie de décomposition et marche vers sa chute.

Je ne dis pas que l'élément générateur particulier à une société donnée soit de sa nature éternel dans la forme qu'il prend, tant s'en faut, parce que les sociétés humaines gravitent vers un avenir qui leur est inconnu, et que rien parmi elles ne saurait rester stationnaire; mais je dis que là où il existe d'une manière quelconque, il faut qu'il existe de la même manière dans toute sa pureté et son homogénéité entre le pouvoir supérieur qui le représente, le personnifie, et la société que ce pouvoir gouverne, parce que la moindre différence, la moindre altération engendre l'incompatibilité et l'absence d'unité, c'est-à-dire la désunion, la rupture du lien social : d'où résultent le trouble, la perturbation, la lutte, la dissolution et finalement la chute des sociétés.

C'est précisément et uniquement dans cette incompatibilité, dans cette dissemblance, dans cette absence de lien, d'unité entre le pouvoir supérieur et la société que résident exclusivement ce qu'on appelle l'arbitraire, le despotisme et la tyrannie; car le pouvoir suprême n'étant pas semblable à la société, ou de même nature, de même principe, pèse alors sur elle arbitrairement, illogiquement, avec une violence plus ou moins grande selon les circonstances et les exigences du mouvement : il lui est étranger.

La société, de son côté, n'étant pas semblable au pouvoir suprême ou de même nature, de même principe, pèse sur lui de la même manière : elle lui est également étrangère et réagit contre lui dans la même proportion.

En de telles conjonctures, il n'y a plus que la force matérielle et la victoire qui puissent décider dans les conflits qui s'élèvent invinciblement. La force morale ni la raison n'ont plus d'intervention possible; et, de part ou d'autre, le despotisme est inévitable.

IV.

On a voulu faire prévaloir, comme indubitable, cette proposition qu'une société ou une nation n'est pas faite pour le pouvoir suprême ou le gouvernement; mais le pouvoir, au contraire, qui est fait pour elle. Je ne sache pas qu'elle ait jamais été démontrée. C'est d'ailleurs une de ces maximes abstraites et antiphilosophiques, très-fausse et très-absurde, à laquelle on a attaché de l'importance et qui n'en a pas. Elle ne peut donner lieu qu'à une controverse oiseuse et stérile qui ne saurait fournir aucune solution; car il n'est pas plus possible de résoudre cette question que de résoudre celle de savoir si c'est le corps qui est fait pour la tête, ou si c'est la tête qui est faite pour le corps, dont le volume est beaucoup plus grand; ou bien encore celle assez célèbre des membres de l'estomac. Les libéraux, il est vrai, ont feint de vouloir la résoudre en établissant leur maxime favorite que le Roi règne et ne gouverne pas. Mais on sait qu'ils n'ont débité tant de sophismes et de subtilités à cette occasion, que pour arriver à leur but secret qui était de renverser l'autorité pour s'en emparer. Nous voyons aujourd'hui les fruits amers que ces théories ont produits.

Et cependant qu'est-ce que le pouvoir, si ce n'est la représentation même de la société tout entière dans son unité, dans son moyen d'ordre et de développement, dans sa personnification inévitable.

V.

C'est cette dissemblance dont nous venons de parler tout à l'heure, c'est cette incompatibilité du pouvoir et de la société qui détermine le caractère des révolutions. Il est visible pour tout observateur que les révolutions qui bouleversent depuis soixante ans la société française, et celles qui troublent l'Europe aujourd'hui, ne sont pas de même nature que celles qui l'ont jadis agitée. Cela tient à ce qu'il y a dans toutes les nations, comme dans tous les individus, deux espèces de révolutions : les révolutions organiques ou de croissance et les révolutions critiques ou de décroissance, autrement dit de transformation; c'est-à-dire les révolutions ascendantes et les révolutions descendantes. Les premières ont pour objet la formation et l'établissement de l'élément générateur et fondamental des sociétés, et par suite des nationalités; les secondes, la dissolution et le changement de ce même élément. Ces deux espèces de révolutions sont la cause première de l'élévation et de la chute des nations. La difficulté consiste à savoir les distinguer.

Il serait facile d'établir, par l'histoire entière de l'humanité, la preuve de cette vérité importante, et de faire voir le rôle considérable que joue l'élément générateur dans toutes les nations; de montrer que c'est la puissance, la pureté et la bonne organisation de cet élément qui font la puissance et la bonne organisation des sociétés. Je n'en citerai que deux grands traits qui suffiront ici.

C'est à la force et à l'homogénéité de cet élément fondamental qu'est dû ce fait remarquable que la nation chinoise, dont la durée est si notable, n'a jamais été renversée, malgré ses invasions et ses nombreux changements de dynasties, et a toujours, au contraire, conquis et incorporé les peuples barbares qui l'ont envahie; tandis que la nation romaine, à sa décadence, n'a eu aucune influence sérieuse sur les barbares qui l'ont subjuguée et renversée, et qui n'ont pu être soumis que par le Christianisme, tant il est vrai qu'une nation ne tombe pas parce qu'elle est conquise, mais parce qu'elle est désorganisée. La conquête n'est qu'un des accidents de sa chute, et non la cause nécessaire.

C'est également à la force de cet élément qu'est due la persistance extraordinaire du peuple juif malgré sa captivité ou sa dispersion. Et c'est parce que le peuple juif est le seul peuple, dans l'antiquité, qui ait représenté fidèlement l'élément générateur des sociétés humaines à un certain degré de perfection, qu'il a été le peuple de Dieu. Il le deviendrait encore, si les protestants et les républicains pouvaient enfin parvenir à détruire entièrement le Christianisme.

VI.

Je n'ignore pas, citoyens représentants, que l'immense mouvement révolutionnaire qui agite l'Europe aujourd'hui a pour tendance de modifier l'élément générateur et fondamental des sociétés; je n'ignore même pas que des socialistes modernes ont la prétention de le changer totalement, puisque j'ai fait partie de ces socialistes. Je n'ai pas à examiner ici la valeur de ces prétentions, mais j'ai à vous déclarer formellement qu'aussi longtemps que les sociétés européennes, et notamment la société française, seront à base familiale, la forme monarchique est la seule forme de gouvernement possible pour ces sociétés, puisque la famille est en réalité une monarchie en petit, et que l'ensemble de ces familles ne saurait produire qu'une monarchie en grand; qu'aucune autre forme ne saurait s'établir d'une manière quelque peu durable, d'autant moins encore que ces sociétés chercheraient à s'élever à la base intégrale ou corporative. La raison en est que l'élément familial actuel n'a pas fait son temps, ni rempli toute sa carrière. Il est encore susceptible de nombreux perfectionnements. Tant qu'ils ne lui auront pas été donnés, il ne sera pas possible de passer à un autre ordre social, parce qu'il n'est pas permis, dans aucun monde quelconque, d'opérer ce passage par violence et par escalade. D'ailleurs, l'ancienne société ayant été renversée d'une manière inopportune et criminelle, il faudrait encore qu'elle fût rétablie avant de pouvoir la transformer.

Ces prolégomènes nécessaires étant exposés, je continuerai, citoyens représentants, les démonstrations et les explications que j'ai à vous donner, car il est fort important de porter la lumière et la conviction dans vos esprits.

CHAPITRE III.

CONSTITUTION ORGANIQUE DES SOCIÉTÉS EUROPÉENNES.

I.

Nous n'avons pas à nous occuper ici des nations de l'antiquité, mais seulement des nations de l'Europe moderne, et de la France en particulier.

Nous avons à montrer que dans toutes les nations de l'Europe moderne, faisant profession de la religion chrétienne, sous quelque forme que ce soit, et en France notamment, où le Christianisme a toujours été honoré sincèrement; nous avons à montrer, dis-je, que l'élément générateur et fondamental servant de base à ces sociétés, c'est uniquement et exclusivement la famille chrétienne. Non pas la famille prise dans un sens abstrait, car en politique les abstractions ne servent souvent qu'à fausser les idées; mais la famille établie dans sa maison, sur sa propriété ou dans sa fonction, c'est-à-dire avec ses moyens matériels d'existence, d'activité, de développement, de conservation et de stabilité; en un mot, la famille féodale et fonctionnelle, telle qu'elle a existé en fait et en droit d'une manière plus ou moins bien constituée pendant toute la durée de la monarchie, sauf les perfectionnements dont elle était susceptible, qui étaient devenus nécessaires, mais qui ne lui ont malheureusement pas été donnés à temps : perfectionnements qui consistaient principalement, pour toutes les familles, dans l'organisation de leur solidarité politique et de leurs rapports industriels.

Or, dans toute société, ceux qui n'ont aucun établissement fixe, point de maison, point de propriété ou de fonction stable, point de base matérielle enfin (car la fonction, en tant qu'elle est indispensable à la société, est également une possession réelle), peuvent bien former des familles nomades ou asservies, isolées, passagères ; mais, étant sans stabilité, sans point d'appui palpable, elles sont obligées, pour vivre et se développer, de se mouvoir dans la sphère et sous la dépendance des familles établies, afin de participer à leur stabilité, à leur position ; car une famille établie, constituée, n'est pas un être simple, mais composé de diverses parties qui concourent à son état de civilisation, qui font sa solidité.

C'est pourquoi les familles juives, pendant leur captivité ou depuis leur dispersion, ayant été repoussées de la propriété territoriale et de la fonction, n'ont jamais pu se former en nation. Mais du jour où ces facultés leur seraient rendues dans un espace déterminé, elles se reconstitueraient immédiatement une nationalité.

Ainsi l'ensemble des familles établies, stables, sur leurs territoires respectifs, avec leur coordination, leurs rapports civils, politiques et religieux, leur hiérarchie nécessaire, puisqu'il n'y a point d'organisation ni d'ordre possibles sans hiérarchie, l'égalité n'étant qu'une injustice et une absurde chimère, qui rend impraticable ou dangereux le mouvement des sociétés; l'ensemble de ces familles, dis-je, depuis la plus infime jusqu'à la plus élevée, c'est-à-dire jusqu'à celle du monarque, forme, sous un même principe, sous une même loi, sous les mêmes conditions proportionnelles d'existence, le réseau, la nervure, la charpente des sociétés européennes; en un mot, la base unique sur laquelle elles sont fondées, car c'est ce réseau qui est, à proprement parler, la société elle-même à son état normal et civilisé.

II.

Dans les mailles et les compartiments de cet immense réseau, ou en dehors même de ce réseau, se trouvent placés les individus isolés et les familles nomades et éventuelles dépourvus d'établissement fixe, de propriétés immuables ou de fonctions stables, et qui, pour assurer leur existence, exercer leur activité, doivent se mouvoir dans la sphère des familles établies et stables, sous leur influence, leur direction, leur patronage ou leur protection : parce que ces individus isolés et ces familles flottantes, éventuelles, passagères, étant, par l'absence même des qualités ou des vertus requises, soit en raison de leur inconstance native, de leurs besoins de changement, de liberté, ou autres; étant, dis-je, sans consistance naturelle, politique ou morale, sans point d'appui caractériel et fondamental, ne sont pas des éléments complets de la société, mais seulement des fractions d'élément qui n'ont point de rang par eux-mêmes, qui doivent concourir à la formation d'éléments entiers, et qui ne sauraient en conséquence avoir une base matérielle fixe, mais variable, mobile et impersonnelle : ce qui correspond d'ailleurs à leurs goûts et à leurs facultés spéciales.

Ils se trouvent donc ainsi, par la force naturelle des choses, c'est-à-dire par absence des qualités requises, placés soit *en dehors* de la société régulière et fondamentale, comme les artistes, les savants, les guerriers, les marins, les prêtres; soit *en dedans*, comme les agriculteurs, les manufacturiers, lesd stributeurs, les serviteurs, etc.

Ces derniers, dont je m'occupe seulement, c'est-à-dire les individus placés dans les compartiments de la société, se sont nécessairement trouvés assujettis au servage, comme ils le seront toujours, sauf améliorations, c'est-à-dire assujettis à l'obligation d'un devoir, d'un travail matériel, sous une forme quelconque, qui puisse assurer la subsistance et le service du corps social, comme en Grèce et à Rome ils étaient, sous l'empire de cette même nécessité insurmontable, réduits à l'esclavage. Nécessité sans laquelle les sociétés resteraient ou retomberaient à l'état sauvage.

Ceci montre déjà la supériorité incontestable de la féodalité chrétienne sur la cruelle tyrannie de la Grèce et de Rome. Car la précaution qu'on avait prise, sous le régime féodal, d'attacher à perpétuité le serf et sa famille à la glèbe était un acte de justice, d'humanité et de sollicitude exclusivement en faveur des classes inférieures qu'il rendait ainsi, jusqu'à un certain degré, co-possesseurs du sol, et leur communiquait une stabilité réelle qui les mettait à l'abri des caprices, de la dureté, de l'intérêt ou même des mutations des seigneurs de la terre, puisqu'ils ne pouvaient jamais renvoyer le serf arbitrairement et à leur gré. Cette mesure était à la fois infiniment supérieure à l'usage des baux facultatifs à termes qui a prévalu depuis et bien plus avantageuse au travailleur agricole lui-même. Il eût été à désirer qu'on pût en faire autant en faveur du travailleur manufacturier.

Il va sans dire que cette sage législation, toute chrétienne, qui s'opposait efficacement au retour de l'esclavage, en constituant un droit réel et positif au travailleur et une demeure fixe pour sa famille, a été l'objet de la critique la plus aveugle et la plus violente de la part des révolutionnaires, ce qui donne un échantillon de leur bonne foi.

Que la forme ancienne du servage ait eu ses imperfections, ses inconvénients et ses abus, cela se peut, bien qu'ils fussent peu dangereux; mais que la forme actuelle du contrat soi-disant libre et réciproque entre le possesseur et l'occupant en soit exempte, c'est ce que l'on n'oserait pas soutenir. Elle en a, au contraire, de bien autrement graves et de bien autrement funestes; attendu qu'il ne saurait jamais y avoir entre les hommes, eu égard à leur inégalité indestructible, c'est-à-dire entre le puissant et le faible, entre le supérieur et l'inférieur, aucune réciprocité équitable et possible autrement que par l'action continue, incessante, du sentiment religieux que les révolutions ont tant affaibli pour lui substituer de prétendus droits constitutionnels, faux, hypocrites et mensongers, qui ne peuvent engendrer que la misère des peuples. L'Irlande est là pour en déposer.

Mais reprenons. Les individus et les familles placés dans les compartiments, dans les cases de la société, étant donc naturellement privés des qualités, des vertus, mérites et conditions fondamentales qui élèvent le père, le chef de famille à la hauteur de la fonction sociale, et ayant besoin d'être dirigés ou soutenus, ne peuvent se constituer une individualité familiale complète, stable et indépendante, puisqu'elle ne reposerait sur rien; car n'ayant point, dans leurs qualités propres ou leurs traditions, de base morale, caractérielle et politique impliquant de suffisantes garanties de stabilité (puisqu'il ne suffit pas seulement, pour occuper le rang de chef de famille, de la capacité de reproduire son semblable), ils ne sauraient, encore une fois, avoir de base matérielle fixe et déterminée, base absolument indispensable, et qu'on n'a jamais pu donner à un certain nombre qu'en les attachant à la glèbe par les liens du servage ou par ceux du contrat dit facultatif, ou bail temporaire, ce qui est exactement le même fait sous une autre forme, avec l'insécurité, l'arbitraire, le bon plaisir et la cupidité du maître en plus.

C'est ce qui explique pourquoi toutes les révolutions politiques sont inévitablement, d'une manière directe ou indirecte, des attaques à la propriété, à la possession territoriale et fonctionnelle, qui se traduisent par des usurpations véritables, puisque c'est jusqu'à présent, faute d'institutions convenables, le seul moyen pour les individus sans consistance et les familles obscures, ambitieuses ou désordonnées formant le remplissage de la société, de se constituer, par voie d'éviction, une personnalité sociale complète, de partielle qu'elle était.

Je n'examine pas quels sont leurs droits ou leurs titres, ou même s'ils en ont. Il ne s'agit pas de cela pour le moment.

La possession territoriale et fonctionnelle a donc politiquement et socialement une existence légitime par la nécessité absolue où l'on est de donner une base matérielle à l'élément générateur et fondamental des sociétés européennes, c'est-à-dire à la famille. Et les éléments sociaux ne pouvant pas, en principe, ni en réalité, être égaux entre eux, il s'ensuit que la propriété ou le territoire, ainsi que la fonction, ne sauraient être également réparties; car la propriété constitue une véritable fonction de l'État, ayant des attributions qui lui sont propres.

Je ne crois pas nécessaire de m'arrêter à ces hypocrites formules politiques de liberté, égalité, fraternité; elles sont complétement vides de sens et entièrement contradictoires en dehors de la Religion qui est chargée de les interpréter et de les régler; mais, en politique, ces formules, incompatibles avec les lois de l'association humaine, ne sont qu'une immense jonglerie dont l'objet spécial et le but secret sont de servir de prétexte et de masque pour attaquer adroitement, et sous des dehors plausibles, la possession de la terre et de la fonction, afin de s'en emparer par violence, et de se substituer tout simplement aux lieu et place des propriétaires et des fonctionnaires.

III.

Je ne cherche point en ce moment, citoyens représentants, à me faire le défenseur ni l'adversaire d'aucune forme sociale : je cherche seulement à vous montrer aussi bien que je le puis, car la tâche n'est pas facile, en quoi consistent les conditions réelles, fondamentales, essentielles de l'organisation, du développement, de la stabilité et de la conservation des sociétés modernes. Je cherche à vous faire comprendre surtout, dans ces sociétés, qui sont toutes exclusivementà ase familiale, l'importance considérable, l'indispensable nécessité de l'État monarchique, de la Royauté et de la Religion.

Il est d'abord de toute évidence, d'après ce qui précède, il faut souvent le redire, que l'État monarchique est nécessairement l'état normal des sociétés modernes; cela ne saurait être contesté; puisqu'elles ne reposent, encore une fois, que sur l'élément familial, lequel forme un ensemble plus ou moins considérable de monarchies distinctes à différents degrés.

Par conséquent, ces sociétés sont de leur nature monarchiques et ne peuvent se passer de la fonction Royale, puisque la Royauté et la famille royale, c'est simplement la monarchie à une degré supérieur, la monarchie en grand : c'est-à-dire le type même de l'élément social, l'image vivante, le modèle de la société ; le seul moyen possible de la représenter et de la perfectionner en se perfectionnant elle-même ; de constituer son unité, sans laquelle aucune société ne saurait fonctionner, se développer et se conserver. Car la loi morale et politique qui régit la famille, est absolument la même que celle qui régit les nations, la même que celle qui régira un jour le monde entier. Cette loi est fondée sur l'autorité paternelle, la première, la plus ancienne et la plus indestructible des autorités, puisque c'est Dieu lui-même qui l'a établie; qu'elle descend de Dieu pour y remonter, et qu'elle nous fournit la seule notion que nous puissions avoir de l'autorité sur la terre. Or, si l'universalité des hommes, de l'aveu même des républicains, doit composer la grande famille humaine, il est incontestable alors que c'est la loi de la famille qui est la loi des sociétés, et que l'ordre Monarchique est non-seulement de toute nécessité, mais qu'il est absolument inévitable.

La Royauté, comme unité de la famille Royale et, par suite de l'élément fondamental, c'est-à-dire de la société même; comme représentant au plus haut degré l'autorité paternelle dans l'État, est donc la source de l'autorité supérieure, le fondement du gouvernement, l'explication et la justification même de sa forme politique, la dépositaire nécessaire de tous les pouvoirs de la nation, la gardienne de tous les droits, comme les résumant en elle. C'est, en un mot, la clef de voûte de tout l'édifice social.

Il s'ensuit que la Royauté a pour fonction supérieure et principale de régler politiquement et civilement le mouvement, le développement, l'accession et les rapports des divers éléments sociaux et fractions d'éléments entre eux, sans les dénaturer, et en observant leurs justes proportions, en servant de garantie à leurs conditions d'existence qui sont aussi les siennes, et d'où résulte une salutaire mutualité.

IV.

La Royauté a donc manifestement pour fonction spéciale de représenter et de diriger la société entière, de répondre, de satisfaire aussi bien que possible à tous les besoins politiques et temporels des nations, mais non pas à leurs besoins moraux et spirituels; elle n'en est point chargée : c'est la Religion qui en est chargée, et cette mission divine est ce qui lui assigne sa place et son rang dans l'État. Car la Religion étant le ciment, le lien moral de toutes les sociétés d'ordre familial principalement, le baume céleste qui peut guérir les plaies du corps social, l'huile sainte qui adoucit tous les frottements inévitables résultant de l'imperfection des sociétés humaines, il s'ensuit que le sacerdoce, personnifié dans la papauté, comme manifestation spirituelle et visible sur la terre de l'Être supérieur à toute société, a pour fonction distincte de servir d'appui à la Royauté, et de la guider dans la voie de la vérité, de la porter à gouverner avec douceur et sollicitude, en la rappelant sans cesse aux lois de l'Évangile; de concilier, d'instruire et d'éclairer les hommes; de réclamer en faveur des individus et des familles privés d'établissement fixe, de propriétés stables, de fonctions; qui ne peuvent former par eux-mêmes élément, et qui sont placés dans les compartiments de la société, les meilleures conditions possibles de justice, d'équité et de charité chrétiennes.

Qu'il puisse y avoir quelquefois, souvent même, si l'on veut, dans l'exercice de ces deux grandes et indispensables fonctions, la Royauté et la Papauté, insuffisance de perfections, de lumières, de vertus même; qu'il y ait encore beaucoup d'abus, c'est ce que je ne me propose pas d'examiner. Mais que les sociétés modernes de l'Europe, dans l'état actuel de leur constitution fondamentale, de leur développement, de leurs besoins politiques et moraux, puissent subsister sans ces deux grandes fonctions, c'est ce que je nie de la manière la plus formelle.

Et s'il y a beaucoup d'abus sous la monarchie et la Papauté, c'est au moins l'exception. Il y en a bien autrement sous une République, car une République c'est l'abus généralisé, en dépit des prétentions qu'elle affiche.

Je poursuis encore, citoyens représentants, le cours de mes démonstrations, bien que cela puisse rendre plus longue la présente pétition; et, quoique le temps nous presse, ce n'est cependant pas le cas d'abréger. Si vous ne la lisez pas, cela ne peut avoir pour vous aucun inconvénient; si vous la lisez, cela ne peut vous nuire d'aucune manière.

CHAPITRE IV.

DE L'ORDRE ET DU DÉSORDRE DANS LES SOCIÉTÉS EUROPÉENNES.

I.

Vous savez, citoyens représentants, qu'Helvétius n'admettait pas la distinction que faisait Montesquieu entre l'état despotique et l'état monarchique : il n'y voyait là qu'une différence du plus au moins. C'était déjà quelque chose que cette différence et il eût été intéressant d'en rechercher la cause, au lieu de la supposer et de s'imaginer que le despotisme consiste exclusivement dans la concentration de tous les pouvoirs en la personne du prince, et que sa volonté, quelle qu'elle soit, est la seule loi des sociétés; tandis que c'est simplement une des conditions de l'unité des nations, qui consiste avant tout dans l'unité de système et de principe, dans le fait général que la société fonctionne, dans toutes ses parties, en vertu d'une loi identique. La volonté du prince ne consiste qu'à résumer en lui et à mettre en action cette loi, à veiller à ce qu'elle soit observée; car les princes, dans leurs volontés, ne sont pas aussi arbitraires qu'on veut bien le dire, ni aussi libres et aussi despotes qu'on feint de le croire.

Mais Helvétius ni Montesquieu ne savaient en quoi consiste le despotisme, et n'ont point su le définir ni le mesurer. Ils n'ont pas su voir que le despotisme n'existe jamais, quelle que soit la forme de l'État, que dans les sociétés manquant d'homogénéité et d'unité de système; et que là où la société et le pouvoir sont homogènes, identiques de principe et d'organisation, quelles que soient en apparence la rigueur des lois, l'exigence des obligations imposées, la sévérité des devoirs publics; jamais le despotisme ne peut exister en fait d'une manière générale; il ne peut même pas être aperçu, puisque la société et le pouvoir étant de même nature, de même principe, de même origine, ont exactement les mêmes intérêts, les mêmes passions publiques, le même accord d'intentions, le même but, par conséquent la même volonté. Or tout le monde sait que la liberté en société réside exclusivement dans le concours des volontés, ou dans l'absence d'opposition, ce qui revient au même. C'est pourquoi l'Évangile a dit : La vérité vous rendra libres; car la vérité a nécessairement pour résultat de diriger toutes les volontés dans un même sens et d'annuler l'opposition.

Ainsi Rome à sa naissance, se préparant collectivement pour la conquête du monde, était libre malgré sa laborieuse et rude existence, tandis qu'à son déclin, après la conquête terminée, elle était courbée sous le despotisme et l'esclavage, malgré sa vie molle et relâchée.

Le despotisme ne réside donc que dans la contradiction et le conflit des volontés, et non pas nécessairement dans la forme politique, pourvu que la forme politique n'engendre pas elle-même ces conflits et n'en soit pas la cause déterminante, auquel cas elle ne serait qu'un des phénomènes de l'anarchie. Il n'y a donc despotisme que là où le pouvoir et la société ne sont pas de même nature, mais où ils sont divisés de principe, d'organisation et d'action unitaire. Le despotisme n'est donc qu'une circonstance anormale, qu'un fait purement relatif dont on ne peut pas juger par comparaison d'une société à une autre société, lorsqu'elles ne sont pas semblables. Et il est certain, malgré le charlatanisme et l'illusion des mots, qu'il n'y a pas une seule nation en Europe, je n'en excepte ni la Russie ni la Turquie, où le despotisme soit aussi énorme, aussi intolérable, aussi brutal, qu'il l'est en France aujourd'hui, et qu'il l'a été surtout sous la première république. S'il ne se montre pas dans toute sa force et dans toute sa férocité, comme il s'est déjà montré en 93, cela ne tient uniquement qu'à l'immobilité de la société, qui n'ose plus ni avancer ni reculer, effrayée des abîmes qui l'environnent de toutes parts. Cependant Montesquieu, en homme de génie, avait des instincts plus près de la vérité qu'Helvétius, qui ne se doutait de rien.

II.

Si Helvétius et Montesquieu avaient cherché avec soin la cause profonde du despotisme, ils auraient pu faire une découverte importante, à savoir que l'état monarchique SEUL PEUT, dans les sociétés modernes, donner la liberté aux peuples, et que l'état démocratique, s'il parvenait jamais à s'établir, ne pourrait leur donner que l'esclavage, car l'esclavage est une conséquence inévitable de l'état démocratique. Ce n'est pas ici le lieu d'en dire les raisons irréfragables. Je sais bien qu'on répondra ceci : Comment se fait-il qu'en Russie le despotisme existe et qu'il n'existe pas en Amérique? Je répondrai à mon tour : Ce n'est pas là une preuve; ce n'est même pas là la question. Cependant pour les riches et les grands, je ne dis pas, peut-être aussi pour les visiteurs, les touristes et les émissaires de révolutions, mais pour le peuple j'en doute beaucoup. Car nous ignorons de la manière la plus profonde ce qui se passe d'intime en Russie et en Amérique à l'égard du peuple; son sort dans ces deux empires ne nous est guère connu que par les livres et les rapports superficiels des libéraux et des révolutionnaires, qui ne sont en général que des hommes à systèmes quand ils ne sont pas des fourbes et des menteurs, ayant fait ces livres et ces rapports pour les besoins de leur cause. Or, il est certain qu'en Russie comme en Amérique le peuple dispose de la somme de liberté relative nécessaire à ses besoins, à son développement, à ses facultés et à son bien-être, et que du jour où le peuple en Russie aura besoin, par suite de son perfectionnement, d'une somme de liberté plus grande, elle lui sera infailliblement accordée; tandis qu'en Amérique, elle lui sera infailliblement refusée. On lui ôtera même successivement celles qu'il possède aujourd'hui, si l'on veut prévenir la destruction de la nation américaine, qui n'est peut-être pas aussi lointaine qu'on pourrait bien le croire. Des circonstances locales et des ligues politiques ont fait cette nation ce qu'elle est; des circonstances locales et des ligues politiques doivent la défaire.

En ce qui concerne le peuple et son état d'infériorité et de dépendance dans le monde entier, il faut supposer qu'on répliquera encore: Voilà pourquoi il faut donner de l'instruction au peuple pour l'élever à la liberté. Mais je répondrai de nouveau : Ce n'est pas par ce moyen qu'on doit commencer pour élever le peuple à la liberté; car il faudrait avant tout la définir clairement cette liberté et démontrer en quoi elle doit consister, au lieu de se borner éternellement à l'invoquer. D'ailleurs, les révolutionnaires ne réclament l'instruction pour le peuple que dans le but secret de pousser le peuple à la révolte, afin qu'il les élève eux-mêmes au pouvoir. La liberté n'est que le prétexte, et nullement le fond des intentions. Tout le démontre d'une manière irrécusable.

III.

Il est très-probable, citoyens représentants, que les révolutionnaires feront cette observation qui est tout à fait dans l'esprit du moment. Ils diront : S'il faut, pour que l'état normal et régulier existe au sein d'une nation, que le pouvoir supérieur et ce que vous appelez la société, soient homogènes ; qu'il y ait entre eux similitude de principes et d'organisation, identité, concours de volontés et d'intérêts, unité de système enfin, et par suite solidarité au moins naturelle, puisque la solidarité politique n'a jamais existé d'une manière légale ; il s'ensuit que le peuple, qui forme la partie la plus nombreuse et la plus pauvre de la nation, qui est privé d'établissement fixe à lui appartenant, de propriété stable, de fonctions ; qui ne forme enfin que des fractions d'éléments placés dans les compartiments de la société, est donc à jamais sacrifié, délaissé, enchaîné, exploité, volé par les familles établies, dans la dépendance desquelles, pour vivre, il se trouve placé? J'espère n'avoir oublié aucun mot essentiel du vocabulaire républicain.

Je réponds : Ce n'est nullement là une raison ni une conséquence forcée, et l'on peut très-bien améliorer le sort physique et moral du peuple, l'élever à de meilleures conditions, établir une meilleure répartition des produits de son travail, sans renverser la société, puisqu'il n'y a rien de plus contraire à cette amélioration. Car le peuple, bien qu'il n'ait pas d'établissement fixe à lui appartenant d'une manière nominale, appartient toutefois à des établissements ou à des corps d'état. Dès lors il est possible de le traiter équitablement, et d'établir à son égard des garanties positives, des moyens de sécurité, en organisant convenablement ces corps d'état et ces établissements.

Mais le sort du peuple étant, pour le moment, en dehors de la question, bien qu'il soit très-digne d'intérêt et que j'aie personnellement le plus grand désir qu'il soit changé, je ne puis m'y arrêter. Je dirai seulement qu'il n'est pas donné au peuple de s'émanciper ni de se rendre indépendant par lui-même. Il ne peut recevoir son affranchissement et des améliorations à son sort que de la religion et des pouvoirs supérieurs et légitimes de la société.

Il peut bien employer sa force pour briser cette société qui l'enserre de toutes parts; mais il n'a aucune capacité, ni aucune qualité, tant par lui que par ses mandataires, pour la reconstituer. Il peut, comme Samson dans un état de cécité, renverser le temple où il est enchaîné; mais c'est à la condition de s'ensevelir sous ses débris.

Il en résulte inévitablement qu'il tombe toujours, par la révolte, dans une condition beaucoup plus misérable, beaucoup plus dure, beaucoup moins libre conséquemment que celle dont il a voulu se délivrer en se soulevant, parce que la condition la plus désavantageuse pour le peuple est l'absence d'une organisation quelconque et d'une autorité tutélaire immuable et indépendante de lui pour le protéger, sa défaite étant toujours certaine finalement, malgré ses succès passagers. Et si la Monarchie ne peut rien pour le peuple, il est parfaitement certain que la République peut encore bien moins.

En vain se prévaudrait-on de ce qu'on appelle la dignité et la liberté de l'homme, que Dieu aurait soi-disant concédées à toutes les créatures humaines : ce sont là de grands mots qui ont besoin avant tout d'être définis clairement et circonscrits dans leurs limites naturelles ; tant qu'ils ne le seront pas, il n'y a pas lieu de s'en embarrasser ni de se soumettre à leur despotisme. Il est seulement bon de faire remarquer, en passant, que ces grands mots sont expressément à l'usage des athées.

IV.

Toutefois, citoyens représentants, en soutenant que l'état monarchique et la Royauté sont en Europe d'une indispensable nécessité, nous n'avons pas prétendu que, lorsque la Royauté se relèvera en France, il lui suffira, pour assurer son existence et se soutenir, de rétablir à son image l'élément générateur et fondamental de la société dans toute sa pureté primitive et sur sa seule base féodale, c'est-à-dire territoriale et fonctionnelle. Il faudra encore qu'elle puisse le perfectionner en raison du besoin des temps; qu'elle y introduise une certaine solidarité politique, de certains compléments, et que le seul fait de la naissance, dans un certain ordre, ne soit pas son unique moyen de transmission. Il peut se faire qu'il soit nécessaire de donner de l'extension à la loi salique, je n'en sais rien; mais je suppose qu'il faudra trouver quelque moyen régulier d'empêcher qu'un prince criminel ou notoirement incapable ne monte ou ne reste sur le trône, ou puisse en disposer arbitrairement comme d'une propriété privée.

Il faudra surtout que la Royauté puisse accorder, comme elle l'a toujours fait, des droits réels et effectifs, des compensations équitables et suffisantes, moyennant certaines conditions de moralité, à ceux qui sont nés pour être à jamais placés dans les compartiments, dans le réseau de la société ou en dehors de ce réseau, qui sont naturellement destinés, par leurs qualités spéciales, à en former le remplissage ou l'ornement, et qui y trouvent même leur satisfaction et leur convenance personnelles; sans quoi la Royauté serait toujours en butte aux révolutions qui sont aujourd'hui déchaînées, et il n'est pas certain qu'elle pourrait leur résister, à moins de répandre beaucoup de sang et d'user d'une férocité qui n'est pas dans ses mœurs, ni dans son caractère.

Nous ne disons donc pas que l'État monarchique et la Royauté se rétabliront en France sans de puissantes améliorations, nous disons seulement qu'ils sont la condition même de la société, que leur absence rend l'existence et la sécurité de la société absolument impossibles.

V.

Vous voyez par vous-mêmes, citoyens représentants, que, dans toutes les sociétés chrétiennes de l'Europe, et en France, par conséquent, la famille, toute brisée qu'elle est, et privée de tout principe de développement, de stabilité et de conservation, de toute garantie, n'en est pas moins toujours le seul élément générateur et fondamental de la société, puisqu'on n'a pas pu en constituer un nouveau, ce qui serait assurément d'une extrême difficulté. Il n'y a donc toujours, jusque-là, qu'un seul état normal et vrai, l'État monarchique; qu'un seul pouvoir possible et soutenable, le pouvoir de la Royauté; qu'en dehors de ce pouvoir normal, il ne peut y avoir que désordre, despotisme, anarchie, carnage, bouleversements.

Car, nonobstant les imperfections et les lacunes de l'État monarchique et de la Royauté, imperfections et lacunes que je suis loin de nier, et qui tiennent à un vice de constitution commun à toutes les Monarchies et à toutes les Royautés en Europe, vice qui disparaîtra un jour, j'en ai la conviction; il n'en est pas moins certain que l'État monarchique et la Royauté sont les moyens les plus indispensables, les plus efficaces, *les moins imparfaits* du développement, du perfectionnement, de la grandeur et du bonheur des nations; leur première condition d'unité, d'ordre, de stabilité et de durée. C'est-à-dire que l'État monarchique, couronné par la Royauté, celle-ci régularisée par de sages institutions émanant d'elle et qui règlent l'exercice de son autorité souveraine; appuyée et aidée de la Religion qui est son contre-poids véritable, et dont elle ne peut se passer, ainsi que les nations, est la plus grande conquête de la civilisation, son signe le plus évident; de même que la civilisation est la plus grande conquête de la Royauté et de la Religion, car c'est la Royauté et la Religion qui ont retiré l'Europe de sa barbarie, dans laquelle l'état démocratique ou républicain ne peut que la replonger; si même il ne la faisait rétrograder jusqu'à la sauvagerie et l'anthropophagie.

VI.

Cela veut-il dire, citoyens représentants, que la Monarchie et la Royauté telles qu'elles ont existé jusqu'à présent, soient l'état parfait et définitif des sociétés humaines; que la Religion elle-même ne soit pas susceptible de s'épurer et de perfectionner sa forme et ses moyens; que la Royauté, la Noblesse et le Clergé ont toujours rempli leurs devoirs d'une manière complète ou même satisfaisante; qu'ils n'ont rien à se reprocher? Assurément non, puisque la protection de Dieu les a abandonnés un instant et qu'ils sont tombés.

Mais cela veut dire qu'il est impossible d'établir d'une manière solide et péremptoire que les intérêts de la Monarchie, de la Royauté et de la Religion soient nécessairement opposés à ceux d'une nation prise dans sa généralité, ni même à ceux du peuple pris dans sa spécialité; qu'ils soient nécessairement hostiles aux progrès de l'esprit public, à la vraie liberté, à aucune espèce d'améliorations. Car il n'y a pas une seule institution réellement bonne, fondée par les révolutions, à supposer que les révolutions puissent fonder quelque chose de durable, que la Royauté n'aurait pu fonder beaucoup mieux et qu'on puisse démontrer être incompatible avec elle, puisque la France tout entière est l'œuvre même de la Monarchie et de la Royauté.

Cela veut dire que dans toute nation où l'État monarchique a une fois existé, dont il a été le moyen de formation et de développement, il ne peut plus être effacé qu'avec la nation elle-même.

Cela veut dire enfin qu'il est impossible de gouverner une nation, de la moraliser, de l'améliorer, de la faire prospérer que par la Monarchie, la Royauté et la Religion.

VII.

On a défini la révolution française : le triomphe ou la prédominance du peuple ; et la révolution de juillet : le triomphe ou la prédominance de la bourgeoisie. J'ignore comment on définira la révolution de février. Quoi qu'il en soit, je ne m'amuserai pas à contester ces définitions : elles n'ont aucune valeur de discussion, et l'on ne peut en tirer aucun argument en faveur de la stabilité de la nation ; parce que, tant qu'on n'aura pas démontré que le peuple et la bourgeoisie reposent de leur nature sur des lois fondamentales et génératrices, sur un principe conservateur et moteur garantissant la durée, la stabilité et la sécurité de la société, c'est-à-dire sur des conditions réelles d'ordre, de développement et d'unité qui leur soient particulières et spéciales, on n'aura rien dit. Car le peuple et la bourgeoisie (ainsi que la noblesse et le clergé) ne sont que des subdivisions de la nation, des moyens généraux de classification, et, s'ils ne possèdent pas par eux-mêmes de lois fondamentales et génératrices particulières, de principe conservateur et moteur spécial, il est clair que leur triomphe passager n'est pas autre chose que la décomposition de la société, puisque ce triomphe ne repose que sur un principe de désorganisation révolutionnaire, qui est leur seul mobile d'action.

Or, de deux choses l'une : la société en France étant exclusivement fondée sur la famille, il arrivera invinciblement ce dénoûment : ou la République achèvera de détruire la famille, ou la famille détruira entièrement la République. Et comme la famille, quoique très-affaiblie, est encore la plus forte, et qu'on ne peut rien lui substituer, il est certain que la République succombera; sans quoi la France serait à jamais perdue. Et tous les hommes de bien doivent désirer vivement que la République succombe, car il est préférable que l'Europe, pour son salut, soit plutôt cosaque que républicaine.

VIII.

Je vais maintenant, citoyens représentants, répondre à une objection qui ne peut manquer d'être faite, car en m'exprimant au sujet de la Monarchie, de la Royauté et de la Religion d'une manière que je crois claire et catégorique, je n'ai pas prétendu qu'on ne puisse m'opposer aucune objection. Je sais très-bien, au contraire, qu'on peut m'en opposer, et même de très-sérieuses, principalement la suivante :

On dira : Si l'État monarchique est la condition, l'expression même des sociétés modernes ; si la Royauté en est le type et la personnification vivante ; si c'est le seul moyen d'ordre, d'unité, de développement et de stabilité ; si la Royauté, aidée de la Religion, est la régulatrice naturelle et légitime de tous les devoirs et de tous les droits sociaux, la source de l'autorité publique, la dépositaire nécessaire de tous les pouvoirs et de toutes les forces de la société, dont il lui est permis de disposer ; la Monarchie, la Royauté et la Religion doivent être ensemble, par le lien qui les unit, non-seulement la meilleure, mais la plus forte, la plus solide, la plus inébranlable des institutions.

Dès lors comment expliquer la cause profonde des révolutions et d urenversement des Monarchies, des Royautés et des Religions ? Cela devient impossible. Vous voyez bien, continuera-t-on, que cet État monarchique, cette Royauté, cette Religion dont vous faites tant de bruit, n'ont pas ce grand mérite que vous vous efforcez de leur attribuer ; qu'elles ne sont que les instruments du despotisme et de l'exploitation de l'espèce humaine, qu'une œuvre de l'enfance des nations, et qu'il n'y a que les peuples seuls qui soient éternels, qui soient stables, qui soient grands !

Je n'exige pas qu'on me définisse le peuple qu'on dit être le souverain, bien que personne n'en croie un mot, ni qu'on me dise ce qu'il représente, et comment il lui est possible de constituer son individualité et son unité politique, parce que je sais que cela serait embarrassant et qu'il faudrait, avant tout, montrer avec évidence quels sont les droits légitimes et imprescriptibles des majorités sur les minorités. Je n'exige pas non plus qu'on me donne l'adresse du peuple, dans le cas où j'aurais une supplique ou un avertissement à faire parvenir à ce fabuleux souverain.

En vain me répondrait-on que l'adresse du peuple est à Paris, au palais de ses représentants. Je répondrais à mon tour : Le peuple lui-même, celui qui a fait la révolution de février, a protesté en mai et en juin dernier contre cette élection de domicile, cela me suffit.

Je me contenterai donc de faire remarquer en passant que le peuple est encore bien plus souvent renversé que la Monarchie et la Royauté; qu'il est encore bien moins stable. Mais je conviens sans difficulté que l'objection est capitale; qu'elle est la plus grave qu'on puisse faire à la Monarchie, à la Royauté et à la Religion : je ne puis donc me dispenser d'y répondre.

IX.

Le renversement des Monarchies, des Royautés et des Sacerdoces, citoyens représentants, c'est-à-dire des sociétés et des pouvoirs suprêmes tels qu'ils sont constitués dans les États de l'Europe moderne, tient à plusieurs causes qu'il me suffira d'indiquer.

La première consiste dans l'imperfection même des institutions monarchiques, de la Royauté et de la Religion, dans leur vice d'organisation. Ce n'est cependant pas là une cause décisive.

La seconde tient à ce que les Monarchies, les Royautés et la Papauté n'ont point une notion assez précise et assez nette des conditions de leur existence et de leur propre stabilité, et qu'elles ne sont pas suffisamment éclairées sur les destinées de l'espèce humaine. Elles ignorent la loi positive du développement et du perfectionnement des sociétés, le but qu'elles doivent se proposer, le mobile qui doit présider à leurs actions; elles n'en ont qu'un sentiment vague et confus; car on a vu la Royauté, nommément, travailler plus d'une fois elle-même à sa propre destruction, comme, par exemple, sous Louis XI et Louis XIII, en affaiblissant sans discernement la nervure, la charpente de la société par l'annihilation, la suppression même de la fonction entre les mains des possesseurs du sol, c'est-à-dire de l'élément territorial, qui se trouvait ainsi attiré au sein des grandes villes ou des cours, et jeté dans une dangereuse oisiveté qui lui enlevait sa raison d'être et le poussait à l'intrigue et à l'agitation; sauf le cas où on lui créait une occupation par la guerre. Il va sans dire que le peuple et ceux qui en procèdent sont bien autrement aveugles, bien autrement ignorants.

La troisième tient à ce que les nations se corrompent et font aussi de leur côté, à leur préjudice même, sous l'influence des hommes de désordre, un mauvais usage de leur force et de leur liberté.

Et la quatrième, qui est la plus importante de toutes, la seule vraiment grave, décisive, et à laquelle, par cette raison, je m'arrêterai plus longuement, tient à ce que les Monarchies, les Royautés et les autorités religieuses n'ont encore su organiser, d'une manière fort imparfaite et fort incomplète, que l'élément territorial et fonctionnel, c'est-à-dire la famille féodale, l'administration et les forces militaires des nations. Elles ont laissé entièrement en dehors de l'organisation sociale et politique, sans aucun lien avec l'État, si ce n'est celui de l'impôt, l'élément industriel et commercial, avec lequel elles se sont trouvées, par dissemblance naturelle et économique, par le mépris qu'il leur inspirait, en opposition et en hostilité sourde ou avouée. Car la Royauté, après avoir été établie ou engendrée par le principe de la famille, c'est-à-dire par l'élément territorial et fonctionnel, n'a pas su fonder la famille du travailleur pacifique, ou l'élément industriel et commercial, qui a grandi dans l'anarchie, sans règle, sans subordination et sans direction.

Or, c'est précisément par cet élément industriel et

commercial, qui s'est beaucoup développé, qui a acquis une grande importance financière et politique, et qui s'est trouvé trop resserré dans le réseau de la société territoriale et fonctionnelle, après avoir prospéré à côté d'elle sous la protection de son épée, que toutes les Monarchies ont été ou seront renversées, si elles ne savent pas l'organiser et se l'assimiler, c'est-à-dire le MONARCHISER.

Car l'élément industriel et commercial, aggloméré et concentré principalement dans les grandes villes qu'il a fondées, tend partout, par son état anarchique, son instabilité naturelle, son désordre permanent, son absence complète d'organisation et de solidarité, son besoin d'unité (en dehors de laquelle il se trouve placé), à rompre et à renverser l'élément territorial et fonctionnel des sociétés pour s'y substituer, le supplanter ou le subalterniser à son profit. Et il y tend avec une force d'autant plus irrésistible qu'il se fonde sur les besoins pacifiques et matériels des nations.

Il est bien vrai que cet élément industriel et commercial, une fois triomphant, ne sait rien faire ni rien organiser, et il est bientôt contraint à disparaître lui-même devant les auxiliaires qu'il s'est procurés, en les soulevant, ou devant la puissance militaire, à laquelle l'anarchie donne toujours une importance souveraine; mais il n'en est pas moins d'une force de renversement considérable.

L'élément territorial et fonctionnel, le seul qui soit soumis à l'ordre et qui ait été jusqu'à un certain point organisé et hiérarchisé par l'institution du fief et de la noblesse, étant une fois rompu et renversé, soit dans son influence politique, soit dans ses lois conservatrices, soit dans la personne du Souverain, il faut nécessairement que la Monarchie et la Royauté succombent, puisque cet élément est la seule raison d'être de la Monarchie et de la Royauté, le premier et le principal fondement politique de toute société dans les États de l'Europe moderne.

X.

Mais, si les Monarchies et les Royautés ne savent pas organiser l'élément industriel et commercial des sociétés, les peuples le savent encore bien moins, et sont encore bien plus facilement renversés par cet élément, qui les domine et les exploite cruellement sous toutes les formes possibles, que ne le sont les Royautés. Il résulte de cet état de choses déplorable la décadence inévitable et certaine des nations qu'on appelle les plus avancées, puisqu'elle a pour cause même les moyens pacifiques de grandeur, de développement, de richesse, d'activité, de bien-être et de prospérité dont il ne leur est plus possible de se passer, et qui sont devenus leur seul but temporel.

Or, plus cette richesse et cette prospérité s'accroissent, comme elles sont fausses et dénuées de tout principe moral, politique ou religieux, de toute condition d'ordre, de stabilité et de conservation, plus la chute des nations est prochaine, car c'est dans cette richesse et cette prospérité même, c'est-à-dire dans l'élément industriel et commercial qui les produit, et dont elles augmentent l'importance funeste, que résident le siége de la maladie qui mine le corps social et la cause profonde de sa dissolution.

XI.

Je dois, citoyens représentants, arrêter un instant votre attention sur un phénomène digne de vos méditations, et dont vous allez peut-être comprendre la raison, bien que je ne puisse entrer ici dans de longs développements. C'est que plus la richesse et la prospérité industrielles et commerciales s'accroissent et grandissent en dehors de toute organisation et de toute direction dans une nation, plus le peuple, c'est-à-dire les classes ouvrières, tombent nécessairement dans la misère et le dénûment, plus elles sont écrasées par un travail ingrat, pénible et abrutissant, qui n'engendre pour elles que dégoût et découragement : par conséquent plus elles cherchent à s'y soustraire, plus elles se corrompent, plus elles passent de l'état calme à l'état dangereux.

Et, comme le travail industriel et commercial, joint au séjour des villes et à l'action politique des factions, développe en même temps leurs facultés et leurs moyens de raisonner, de comparer; qu'il décuple leur malheur relatif, plus elles se trouvent portées aux soulèvements et aux bouleversements qui éclatent toujours au milieu même des grands centres d'industrie; car jamais les peuples n'ont été traités par l'élément territorial et religieux aussi durement et aussi cruellement qu'ils le sont pas l'élément industriel et commercial. Je ne dis pas que cela soit nécessairement dans sa volonté, mais dans sa position : c'est une conséquence fatale de son absence de principes, d'organisation, de solidarité, et surtout de la guerre terrible et incessante qu'il se livre par la concurrence dans son propre sein, guerre désastreuse dont les classes ouvrières font tous les frais.

XII.

C'est ici qu'apparaissent, citoyens représentants, l'importance immense et le rôle considérable de cet agent puissant qu'on nomme le capital, et qui règne souverainement, de la manière la plus absolue, la plus tyrannique, par tous les moyens occultes et légaux, sur l'élément industriel et commercial proprement dit. Je n'entends pas parler en ce moment du capital *immobilier*, mais seulement du capital *mobilier, circulant*. Il est important de les distinguer, parce qu'ils sont d'une nature différente, et qu'ils donnent lieu à deux espèces de considérations spéciales. Il suffira de vous montrer comment le dernier, le capital mobilier, dévore inévitablement les classes malheureuses de la société, comment il les asservit au despotisme de la misère et de la faim, le plus terrible de tous les despotismes.

Cet agent puissant, entraînant dans sa dépendance et soumettant à sa loi l'élément industriel et commercial proprement dit, possédant tous les moyens matériels d'établissement et de création des richesses par le travail; n'étant plus équilibré ni contre-balancé par l'élément territorial, l'autorité et le principe religieux qu'il a renversés ou neutralisés, s'empare inévitablement de toute l'influence politique et de la direction du mouvement social. Et comme cet agent, ainsi escorté et devenu dominant, est toujours inorganisé, sans principe d'aucune espèce, en butte à une perpétuelle fluctuation résultant de l'instabilité de ses opérations, de l'absence d'institutions et de solidarité qui le privent lui-même de toute sécurité, il se trouve par là, en fait comme en droit, affranchi de tout devoir public, de toute responsabilité morale, de toute religion, veuillez le remarquer, par conséquent de toute probité obligatoire. Il n'est donc mu exclusivement que par ses intérêts purement matériels, purement égoïstes, en raison simple et directe de son poids; car, étant lui-même soumis à toutes les perturbations des affaires industrielles et commerciales, il est dépourvu de garanties réelles, sans lendemain, sans avenir, sans autorité, sans puissance d'organisation sociale. Il est réduit à fonctionner sous l'influence d'une défiance et d'une crainte perpétuelles, avec une indicible anxiété, au milieu de la vaste anarchie qu'il produit.

Il se trouve donc porté, ce nouveau et détestable seigneur des temps modernes, par la nature même de son but, par l'absence de toute moralité, par la loi même de son existence, à ne donner aux classes ouvrières que la plus petite part possible des produits de leur travail et de la richesse sociale, et de garder pour lui la plus grosse part. Loi léonine et dolosive s'il en fut jamais. Il n'accorde aux classes ouvrières, quand il lui convient de les employer, que ce qu'il faut strictement pour ne pas leur ôter tout moyen de produire, et leur fait, sous l'empire de l'offre et de la demande, les plus dures conditions, que ces classes sont toujours contraintes d'accepter, n'ayant aucun moyen de subsister, aucune avance qui leur permette de s'abstenir et de chômer en attendant la demande ou le résultat de la discussion, dans le cas où elle leur serait permise.

C'est ainsi, par exemple, qu'il ne donne à de pauvres conducteurs de voitures de transport en commun que des salaires insuffisants pour vivre, contre un travail excessif, tandis qu'il perçoit des dividendes *admirables*. Et que serait même cet exemple si l'on voulait citer celui des compagnies houillères, que l'État protège cependant d'une manière si efficace?

D'autre part, il s'efforce encore, par l'emploi de la puissance mécanique, à se passer, autant qu'il le peut, des classes ouvrières, qu'il jette sans travail dans la misère et le dénûment, d'où résulte, au moins momentanément, un accroissement de bras inactifs qui tend de nouveau à l'abaissement du salaire par la voie de l'écrasement.

XIII.

Dans cette situation déplorable, il n'y a plus alors qu'un pouvoir supérieur, ayant une autorité morale, qui puisse intervenir pour stipuler en faveur des classes ouvrières de meilleures conditions de travail et de répartition, en offrant quelques sûretés aux capitaux, ce qui est, il est vrai, d'une assez grande difficulté. Mais le pouvoir se garde bien d'intervenir, puisqu'il est lui-même, depuis nos révolutions, entre les mains de l'élément industriel et du capital ou sous leur dépendance. Quelle est donc sa sanction et sa légitimité? Sur quoi se fonderait-il pour se croire respectable?

Toujours est-il qu'il n'est pas possible d'accorder

aux classes ouvrières elles-mêmes la faculté d'imposer par la force brutale ces conditions et cette part dans la répartition, car elles ne peuvent être placées à un point de vue convenable pour être équitables, et ne sauraient d'aucune manière garantir les capitaux engagés et encore moins en fournir; ce qui leur interdit toute discussion d'intérêt et toute participation légale au bénéfice des entreprises. Leur triomphe révolutionnaire même ne saurait leur constituer aucun droit à cet égard. Il n'y a toujours, en conséquence, que le salaire qui puisse varier.

Mais, quand bien même ce salaire serait augmenté, ce qui ne dépend pas exclusivement de la volonté des maîtres du travail, des chefs d'établissement, mais de la concurrence, cela ne changerait en rien, si ce n'est pour un instant, la position des classes ouvrières, puisqu'il faudrait augmenter le prix des objets de consommation dans la même proportion. Dans ce cas la consommation se réduirait d'autant et amènerait de nouveau le chômage des ateliers et encore une fois l'avilissement du salaire.

Lorsque l'emploi des forces mécaniques permet d'abaisser le prix des objets de consommation, c'est encore en expulsant l'ouvrier de l'atelier et en le jetant de nouveau, sans ressources, sur le pavé, dans la misère et le dénûment; en telle sorte que le bas prix des objets ne leur permet pas davantage de consommer, et concourt toujours directement à l'abaissement des salaires. Car l'ouvrier ne peut pas se procurer le produit qu'il a créé ou vendu à très-bas prix, lorsqu'il est obligé de le racheter grevé de bénéfices et de frais généraux considérables qui en doublent ou triplent la valeur... Bénéfices et frais généraux qui non-seulement ne diminuent pas, mais qui doivent croître en raison même de la stagnation des affaires industrielles et des souffrances des classes ouvrières.

On voit donc que la force mécanique, sauf quelques facilités dans le travail, n'est d'aucun avantage pour les classes ouvrières, et que plus la production augmente dans les nations industrielles *inorganisées*, plus l'insécurité et la misère s'accroissent, eu égard à la richesse créée; moins les classes ouvrières peuvent consommer, puisque ce sont les classes ouvrières elles-mêmes qui font exclusivement les frais du bon marché des produits, au profit exclusif des classes non ouvrières dont elles favorisent par là *l'accroissement* et *l'improductivité*.

XIV.

Les vices lamentables de ce faux régime industriel jettent la société entière dans un cercle vicieux fatal, dont il n'est pas possible de sortir par des moyens purement politiques ni purement révolutionnaires, car l'action politique ou révolutionnaire des hommes ne contient pas en elle-même la solution de cette immense difficulté, à laquelle on n'a encore su remédier que par la taxe des pauvres, si insuffisante et si dégradante pour les classes ouvrières. Mais la taxe des pauvres elle-même ne consiste, en dernière analyse, qu'à prélever sur les producteurs qui ont du travail la somme nécessaire pour nourrir les producteurs à qui l'on n'en peut donner ou qui se refusent à travailler, soit par découragement, soit par infirmités. En telle sorte que l'accroissement du paupérisme est à son tour le seul moyen d'empêcher l'avilissement complet du salaire, et qu'il contribue même à l'améliorer, en faisant disparaître progressivement du marché aux hommes de nouveaux bras perclus à jamais par la souffrance ou la dépravation, et qui cessent dès lors de faire concurrence à ceux qui peuvent résister ; ce qui permet à ces derniers d'obtenir de meilleures conditions, de se vendre plus cher, sauf toujours à prélever sur leurs salaires, c'est-à-dire sur leur travail, ce qu'il faut pour secourir, entretenir, comme on le fait aujourd'hui, les travailleurs retranchés du marché. Étrange équilibre des sociétés industrielles !

XV.

On a prétendu en ces derniers temps résoudre l'immense difficulté que j'envisage par un moyen général qu'on a appelé la *gratuité du crédit* et par l'abolition de la propriété. Il peut se faire que ce moyen ait de la portée, et qu'il puisse produire transitoirement un effet assez notable, quoi que je sois forcé de déclarer qu'il m'est absolument impossible de me rendre compte de l'ordre social qu'il produirait; mais ce n'est assurément pas là une solution véritable, définitive, car il n'est fondé que sur une espèce de mirage socialiste, une illusion singulière que je ne crois pas nécessaire de combattre ici. Ce moyen repose entièrement sur ce qu'on élimine les principales conditions d'existence, d'ordre et de développement des sociétés civilisées ou policées, et qu'on fait abstraction, j'ignore si c'est à dessein, des données les plus difficiles et les plus gênantes du problème social, comme, par exemple, de Dieu, de la Religion, de l'autorité et de la question morale: c'est-à-dire qu'on tranche ainsi d'un seul coup, espérant peut-être la faire disparaître, la question éternelle du bien et du mal, qui fait et qui fera toujours le fond de toutes les luttes de l'espèce humaine. Si cette méthode n'est pas fondée sur des pensées d'une profondeur extrême, on ne saurait au moins s'empêcher de reconnaître qu'elle ne soit extrêmement commode.

XVI.

Dira-t-on que les classes ouvrières sont mieux

payées, mieux nourries, mieux vêtues qu'elles ne l'ont jamais été sous la dépendance de l'élément territorial et de la Religion dans les plus beaux temps de la Monarchie ? Cela est, relativement, plus que douteux, car les fabricateurs de révolutions ont, sur ce point comme sur tant d'autres, beaucoup menti. On peut s'en convaincre au dépérissement incessant et à l'exténuation des classes populaires, qui sont en France bien autrement chétives et bien autrement misérables aujourd'hui qu'elles ne l'étaient sous la Monarchie et qu'elles ne le sont en Russie. Mais qu'importent les chiffres, si la somme de travail, si les besoins physiques et moraux des classes ouvrières, si leurs désirs et leurs facultés, le sentiment du bien-être, leur instruction, leurs passions, leurs vices, leur jalousie même se sont augmentés dans une plus grande proportion ! C'est là tout le point de la question, car on peut n'être pas dans la misère en portant une veste de bure et des sabots, et on peut l'être profondément en portant des bottes et un habit.

Il est donc clair que la misère des classes populaires est tout à fait relative, et que le développement des nations a besoin d'être réglé par des principes moraux et religieux avec une extrême mesure, une extrême conscience et une extrême attention ; qu'elles sont inhabiles à le régler elles-mêmes ou par des mandataires qui ne peuvent jamais avoir aucune autorité véritable, puisqu'ils émanent d'une autorité qu'ils reconnaissent eux-mêmes comme supérieure, et qui ne peut rien.

Il faut bien s'attendre que les prétendus amis des classes populaires opposeront ici leurs vaines théories d'égalité, mais ce n'est pas le lieu d'en montrer le vide. Et comme il est plus que probable que ce n'est de leur part qu'une coupable supercherie révolutionnaire, il serait dans tous les cas, et jusqu'à preuves contraires, fort inutile de s'y arrêter.

CHAPITRE V.

DU RÉGIME INDUSTRIEL ET COMMERCIAL DES SOCIÉTÉS EUROPÉENNES.

I.

La question que j'examine devant vous, citoyens représentants, est d'une telle importance pour le salut de la société, que vous me permettrez bien quelques répétitions nécessaires, je crois, pour mieux fixer votre attention, car il est des raisonnements qui sont quelquefois difficiles à saisir par trop de condensation. Je poursuis.

La prépondérance de l'élément industriel et commercial, sous la domination despotique du capital, la réprobation de l'élément territorial et du sentiment religieux, a pour conséquence inévitable et funeste, dans toutes les sociétés de l'Europe moderne, de les fausser, de les corrompre et de les désorganiser de la manière la plus grave ; parce que cet élément étant, par position, faux, corrompu, anarchique, en raison de son absence complète de principes, d'organisation, de direction, de liberté même, c'est-à-dire sans responsabilité morale, s'est constamment trouvé dans la nécessité d'employer toutes sortes de ruses et d'adresses, de faire mille bassesses pour s'impatroniser et se loger dans le réseau de la société territoriale et fonctionnelle, et se mouvoir dans les fers du capital, dont il n'échappe que par la banqueroute, qui est sa porte de derrière. Il n'a donc jamais pu vivre que d'expédients.

Ne pouvant avoir par lui-même ni principes, ni foi, ni loi, et n'étant mu que par des intérêts purement matériels, il devait en conséquence falsifier, pervertir et désorganiser toutes les relations sociales et politiques, saper tous les principes moraux et religieux qui servent de fondement aux sociétés, rendre toutes les affaires, toutes les transactions dangereuses, et engendrer finalement un état de malaise et de défiance générale très-funeste, état de défiance et de malaise qui est le signe certain de l'influence dominatrice de l'élément industriel et commercial et du capital mobilier.

Et il a fallu que la charpente et la nervure de la société féodale fussent aussi fortes, et que la Religion fût aussi puissante, pour avoir résisté aussi longtemps, c'est-à-dire pendant plus de trois cents ans, à l'envahissement et au triomphe passager de l'élément industriel et commercial, stimulé sourdement par le Protestantisme, traînant après lui des masses de peuples affamés et misérables, que le besoin d'affranchissement, le démon de l'orgueil, de l'ambition et du vice, arrachait au travail des champs que le capital désertait.

L'élément industriel et commercial, conduit la chaîne au cou par le capital, étale cependant, à l'aide d'un langage trompeur et insinuant, toutes sortes de maximes honnêtes et honorables. Il a sans cesse à la bouche les mots de vérité, loyauté, bonne foi, franchise, probité, justice, libertés populaires, constitutions libérales, inviolabilité royale, République honnête, et beaucoup d'autres que je n'ai pas présents à la mémoire. Mais c'est là une conséquence malheureuse de son éducation et de la difficulté permanente de sa position. La vérité est qu'il ne peut avoir aucune conviction, aucune conscience, aucune patrie, aucune opinion; que toutes les formes de gouvernement lui sont bonnes, pourvu qu'il y domine et y gagne de l'argent. Car, en réalité, il n'est établi dans le monde entier que sur le mensonge, la ruse, l'irréligion, la déloyauté, la mauvaise foi, le charlatanisme, la fraude, la falsification, le dol et la rapine. Il impose bien autant qu'il peut la probité et la bonne foi aux autres, mais il a soin de s'en dispenser scrupuleusement.

C'est là sa force, et il tombe du moment que la mauvaise foi est devenue générale. Tellement il est vrai que les sociétés ne sauraient se passer des fondements établis sur l'ordre moral.

Ainsi, la prédominance et l'influence de l'élément industriel et commercial sur les sociétés entraînent invinciblement la prédominance de son esprit mensonger et l'emploi des procédés qui font sa vie. Il tend à se substituer à tous les gouvernements, ou les pousse à agir dans le même esprit et avec les mêmes moyens. Il transforme les États en espèces d'établissements industriels, en boutiques commerciales et mercantiles, opérant de leur côté d'une manière analogue sur les peuples, qui deviennent ainsi l'objet de leurs spéculations, la matière première de leur trafic. Ce qui consiste en toutes choses dans l'art de mentir et de tromper, dans l'art de falsifier, d'altérer et de corrompre, dans l'art de faire passer du coton dans les étoffes de laine et de la craie dans les farines de froment; dans l'art de vendre à faux poids et à fausses mesures; dans l'art de faire de gros bénéfices et d'établir de gros impôts; dans l'art de s'attribuer exclusivement tous les droits et tous les avantages sociaux et privés, et d'échapper à tous les devoirs, à toutes les obligations, à toute responsabilité.

Je sais bien qu'on a prétendu que le commerce était un agent puissant de civilisation. Je n'ignore pas la part qu'on peut lui faire à cet égard, mais je défie qu'on ose soutenir que la civilisation ait jamais été son but; et encore, quelle civilisation établit-il? La civilisation du mensonge et de la fraude!

Le commerce n'a jamais eu aucun autre objet sérieux, suivant la définition de Jouffroy le feuilletoniste, que d'acheter trois francs ce qui en vaut six, et de vendre six francs ce qui en vaut trois : voilà toute sa morale.

II.

Ce n'est pas encore tout, citoyens représentants; vous allez voir quel est le plus grand vice du prétendu système industriel et commercial des sociétés européennes.

L'élément industriel et commercial, placé, comme je l'ai dit, sous le patronage exclusif du capital, ayant pour seul mobile l'appât du gain, et pour seul moyen la concurrence, à défaut d'un stimulant d'émulation véritable, a pour effet de créer une effroyable complication de ressorts pour la production et la distribution des richesses, et d'engendrer à sa suite une innombrable quantité de professions et de fonctions inutiles, un immense parasitisme qui grève d'autant la production et la consommation, parasitisme qui dévore les nations.

En sorte que toute la partie active et agissante des nations se trouve divisée en deux grandes catégories distinctes et d'intérêts opposés : les travailleurs positifs et les travailleurs négatifs.

Les travailleurs positifs se composent des agriculteurs, manufacturiers, constructeurs, extracteurs, savants, artistes, etc.; les travailleurs négatifs se composent de tous les agents superflus de transport et de distribution des produits, et qui sont fort nombreux, tels que boutiquiers, commerçants, voituriers, porteurs, commissionnaires, etc.; banquiers, agents fiscaux, douaniers, fraudeurs, sophistes, journalistes, avocats, huissiers, avoués, hommes d'affaires, oisifs, valets, gens de mauvaise vie, voleurs, détenus, vagabonds, pauvres, infirmes, etc., etc.

Si l'on ajoute à cette liste, qui pourrait être fort longue, la partie non parasite, mais naturellement improductive des sociétés, telle que vieillards, enfants, armées de terre et de mer, fonctionnaires publics, administrations, magistrature, clergé, etc., on reconnaîtra que les travailleurs positifs, ou les producteurs réels, se trouvent dans une proportion que l'auteur du nouveau monde industriel a évaluée au tiers de la nation. Si cette évaluation est juste, et je suis porté à le croire, le tiers de la nation se trouve conséquemment forcé de subvenir non-seulement à ses propres besoins, mais aux besoins de toute nature des deux *autres tiers*.

Sans doute la force mécanique vient en aide aux

travailleurs positifs, sans quoi ils ne pourraient y suffire ; mais cette force ne les soulage en rien personnellement et n'améliore en rien leur position ; ce n'est pas eux qui en profitent. Elle ne favorise que l'*accroissement continu du parasitisme de la société ;* et, si l'on voulait se donner la peine d'étudier le mouvement des nations industrielles, on reconnaîtrait que le progrès du parasitisme a précisément lieu en raison directe et dans la même proportion que le progrès de la force mécanique, y compris le mécanisme constitutionnel. On reconnaîtrait en outre que le paupérisme dans tous les États est soumis à la même loi de développement ; cela, je pense, est digne de quelque intérêt.

Encore si les travailleurs positifs, c'est-à-dire les producteurs réels, qui nourrissent et entretiennent tout le corps social, avaient au moins le nécessaire ; s'ils pouvaient au moins entretenir et réparer leurs forces d'une manière convenable ; mais non, ce sont eux précisément, du moins le plus grand nombre, qui sont plongés dans la misère et le dénûment ; ce sont eux qui, produisant tout, manquent de tout, tandis que les travailleurs négatifs, notamment tout le rouage parasite, sont généralement dans l'abondance, ou pourvus du nécessaire.

On allègue, je le sais, qu'une très-grande partie des travailleurs positifs n'ont malheureusement pas tous un esprit d'ordre et de conduite exemplaire, et que leurs vices sont pour beaucoup dans leur misère, soit ; mais, quand bien même ils seraient tous vertueux et rangés autant qu'on pourrait le désirer, cela ne changerait rien à la question.

Et d'où procèdent donc leurs vices et leurs désordres, si ce n'est de leur misère même, si ce n'est du spectacle et des exemples qu'ils ont sans cesse devant les yeux, si ce n'est des théories, des maximes et des pratiques révolutionnaires issues du parasitisme même? Et ce qu'il est à propos de remarquer, c'est que le rouage parasite est précisément celui qui pousse le peuple à la révolte ; c'est lui qui est le plus criard, le plus vicieux, le plus désordonné, le plus hypocrite. Il déclamait naguère avec fureur, sous le nom de parti libéral, contre la Restauration, les nobles, le clergé, et notamment contre les jésuites, qui soi-disant les dominaient; mais c'était dans son propre sein qu'étaient les véritables jésuites, les tartufes les plus méprisables et les plus dangereux qu'il y ait encore eu dans l'espèce humaine.

Il est facile de juger à présent, malgré sa transformation républicaine, dans quel but et dans quels intérêts le parti parasite fomentait et fomente encore les insurrections populaires ; ce n'est certainement pas dans l'intérêt du peuple.

III.

Je ne vous parlerai pas, citoyens représentants,

du jeu particulier du capital au sein de l'élément industriel et commercial; je ne vous montrerai pas comment, à l'aide du crédit et de la circulation des valeurs fictives, il arrive à se dédoubler et à percevoir des intérêts usuraires; je ne vous montrerai pas comment il engendre nécessairement la complication industrielle et commerciale, qui n'a rien de commun avec la division du travail; je ne vous montrerai pas comment on ne peut échapper à cette complication que par le vice non moins hideux du monopole, ni comment on ne peut échapper au monopole que par la complication industrielle. Je ne vous montrerai pas dans quel abîme, dans quel coupe-gorge il conduit les sociétés modernes; cela ne m'est pas indispensable et me conduirait trop loin; d'ailleurs, je ne fais pas ici un traité d'économie sociale, et il me suffit de vous indiquer les points importants de la question : il serait inutile à mon objet d'en embrasser tous les détails.

IV.

Je vous laisse à penser, citoyens représentants, si l'on doit admirer le mécanisme et l'organisation des sociétés révolutionnaires ainsi placées sous la direction de l'élément industriel et commercial dont elles sont l'image; s'il faut s'étonner de leurs perpétuelles fluctuations, de leur incurable instabilité; et comment s'expliquent le mépris, la haine profonde et implacable du peuple contre la bourgeoisie, qui représente principalement l'élément industriel et commercial, le capital et le parasitisme des sociétés. Haine qui aurait des conséquences effroyables si le Catholicisme et la Royauté, par leur intervention salutaire, n'apportaient prochainement un terme aux luttes sanglantes qui se préparent et qui menacent d'anéantir la société; car le peuple ne se trompe pas toujours dans ses instincts et ses sentiments : on peut bien l'égarer et l'aveugler longtemps, mais il faut redouter le moment terrible où Dieu lui ouvrira les yeux.

C'est donc, je le répète pour me résumer, par la prédominance et par l'influence déplorable de l'élément industriel et commercial, du capital et de l'immense rouage parasite qu'ils traînent à leur suite, que se sont trouvés faussés, neutralisés et renversés l'élément territorial, l'autorité et la Religion. C'est par là qu'on est arrivé à l'exploitation véritable du peuple et à l'invention de ces espèces de gouvernements faux et mensongers qu'on nomme constitutionnels, républicains, parlementaires ou représentatifs, et qui ne représentent rien, si ce n'est l'esprit, la bonne foi et les intérêts matériels de l'élément industriel et commercial et du capital; espèces de gouvernements ou d'ordres de choses nécessairement sans principes, sans foi, sans conscience, sans moralité, sans consistance aucune, sans stabilité durable, et qui, s'ils n'étaient des chefs-d'œuvre de ruses, d'adresse, d'intrigue et de fourberie, seraient la honte de l'esprit humain! Ordres de choses dont le seul avantage pour les générations futures sera d'être un fonds inépuisable de drames sanglants, de tragédies burlesques et de vaudevilles bouffons.

V.

A Dieu ne plaise, citoyens représentants, qu'en déversant un blâme aussi sévère sur l'élément industriel et commercial considéré dans son ensemble, et dont les souffrances ne nous sont point inconnues, nous ayons voulu établir que tous les individus qui le composent se complaisent nécessairement dans l'esprit condamnable, les expédients et les moyens dégradants qu'ils sont obligés d'employer pour exister, et qu'ils y trouvent le repos de leurs consciences et la satisfaction de leurs âmes; nous croyons au contraire qu'il en résulte pour ces individus une grande souffrance morale et secrète dont ils aspirent à se délivrer, et qu'ils voudraient pouvoir agir autrement; nous avons seulement voulu montrer que cela n'est pas possible dans l'état actuel des choses; qu'il n'y a pas de société durable tant que l'élément industriel et commercial ne sera pas organisé régulièrement et remis à sa place.

Je ne pousserai pas plus loin l'examen de cette

question. Je crois en avoir dit assez pour montrer avec évidence la nécessité de procéder sans retard à la transformation de l'industrie ; mais vous n'avez pas qualité, pas plus que le peuple, pour procéder à cette opération difficile ; vous n'y pouvez, de votre chef, absolument rien faire ; il n'y a toujours, quoique cela puisse vous répugner, que le Roi et le Pape qui réunissent les conditions indispensables pour cette œuvre mémorable.

Car il est un phénomène de nature à surprendre et à confondre les révolutionnaires, c'est que, quand bien même ils découvriraient scientifiquement les lois du mouvement social, quand bien même ils imagineraient les transitions les plus douces et les plus acceptables pour arriver à l'accomplissement de ces lois, ils ne pourraient néanmoins rien établir qui les conduisît à ce but, leur découverte leur serait inutile. Je leur laisse à en deviner la raison, n'ayant nullement l'intention de la leur apprendre, parce qu'il est fort nécessaire de les contraindre, si cela est possible, à confesser qu'ils n'ont jamais été que des insensés ou des réformateurs plus qu'incapables.

VI.

Je crois devoir terminer ce chapitre par un tableau sommaire de la Monarchie telle qu'elle a existé jusqu'à présent, et par celui de la Monarchie telle qu'elle doit être.

Les Monarchies de l'Europe moderne ont présenté jusqu'à présent à peu près le tableau suivant :

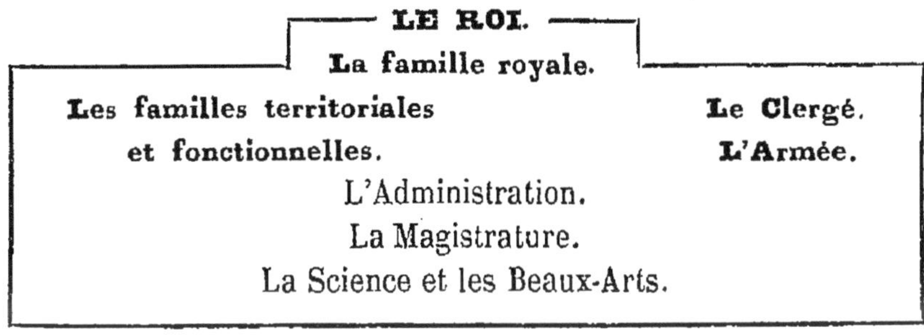

L'Industrie et le Commerce.
LE PEUPLE.

Elles doivent présenter à peu près le suivant : Je dis à peu près, parce qu'il ne s'agit ici que de donner un état des forces de ces Monarchies.

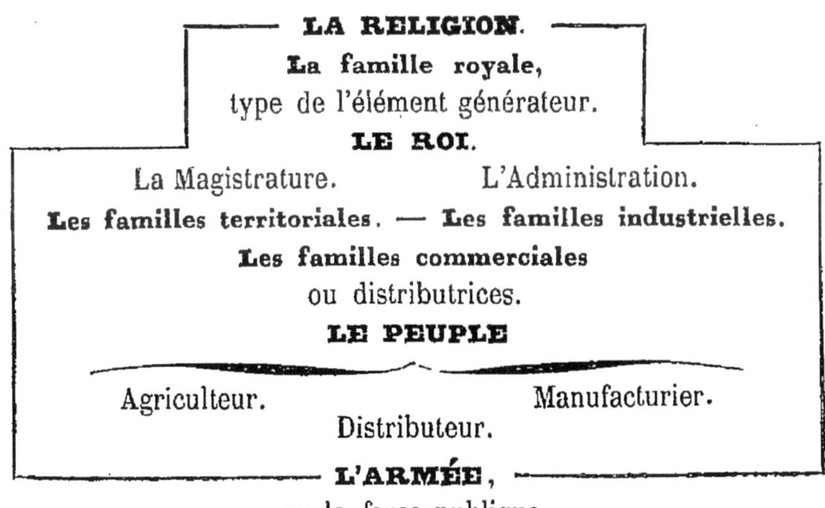

ou la force publique.

CHAPITRE VI.

DU PRINCIPE DU DROIT DIVIN.

I.

Je suis arrivé au moment de vous parler, citoyens représentants, du principe le plus grand, le plus respectable, le plus important, le plus fécond et le plus nécessaire qu'il y ait pour les sociétés humaines, du principe du Droit divin. Principe contre lequel les sophistes et les révolutionnaires sont parvenus à soulever beaucoup de préventions, mais que peu de personnes comprennent, et qu'ils ne comprennent certainement pas eux-mêmes; car, si ce principe avait été seulement défini avec exactitude, il n'aurait jamais donné prise à aucune objection sérieuse, même de la part des hommes emportés par leurs vices, leurs mauvaises passions et leur mauvaise foi.

II.

Le principe politique de la Monarchie, vous le savez maintenant, citoyens représentants, consiste uniquement à reconnaître, au début des sociétés, comme Monarque, comme Souverain de fait, comme pouvoir supérieur, le chef de la famille la plus grande, la plus noble, la plus puissante ou la plus ancienne de la société, en donnant à cette famille, pour la distinguer, le titre particulier de Famille Royale, parce qu'elle est le type même, la représentation vivante, unitaire de cette société tout entière, non-seulement dans ce qu'elle a de plus fondamental, c'est-à-dire dans son élément générateur et son autorité paternelle, mais encore dans son avenir et ses traditions; car les sociétés humaines ne vivent que de traditions et d'espérances, puisque l'avenir est inconnu à l'homme, et que le présent n'existe pas en réalité.

Cette famille est donc par elle-même, en vertu des sentiments et des intérêts de toute nature qu'elle représente, de ses richesses, de son établissement, de ses services ou de son ancienneté, peu importe d'où elle procède; en vertu surtout de la participation qu'elle a prise à la formation de la nation; elle est, dis-je, un ensemble de faits, de devoirs et de droits importants, une force vive par elle-même, et avec laquelle il faut compter. Or, le principe politique de la Monarchie consiste à reconnaître cette force vive et à conférer en conséquence, de plein droit, au chef de cette Famille Royale la haute fonction administrative et judiciaire de l'État, et le commandement de la force publique, c'est-à-dire le commandement des armées, comme offrant à l'ordre social, sous tous les rapports, la plus grande somme possible de garanties indispensables.

Le chef de la famille royale a donc nécessairement et tout naturellement pour fonction de RÉGIR, de régulariser, de maintenir, de conserver, de développer, enfin de gouverner dans toute l'extension du mot, et en vertu de la loi qui le régit lui-même, la nation entière dont il est l'élément le plus considérable, la personnification la plus élevée; afin de lui donner, à cette nation qui est presque toujours l'œuvre même de sa famille ou celle de ses prédécesseurs, lorsqu'elle n'est pas la sienne, œuvre qu'il s'agit de continuer, toute la force et toute la grandeur qu'elle comporte; qu'il puisse l'élever avec lui dans l'échelle des puissances politiques.

Cette haute mission étant tout à la fois dans l'intérêt commun et bien entendu du Souverain et de la nation, il en résulte que tous les membres de la nation doivent se vouer au service et à la défense du Souverain, lui être fidèles, comme le Souverain doit se vouer au service et à la défense de la nation tout entière, lui être également fidèle; car c'est là l'essence véritable du contrat social qui les lie, la raison de leur solidarité politique.

Mais le principe du Droit divin, citoyens représentants, n'a rien de semblable au principe politique de la Monarchie. Il en est essentiellement distinct; il n'est même pas né avec elle, et ne date pas, à beaucoup près, en France, de son origine. Il a pour objet de le compléter, de l'épurer et de lui donner un but

10.

supérieur et une sanction morale qui lui manquent naturellement, originairement : c'est exclusivement le principe du Christianisme appliqué à la Monarchie.

Il consiste uniquement à reconnaître et à consacrer religieusement, c'est-à-dire devant Dieu et devant les hommes, au nom de l'Évangile, le Souverain déjà légitime politiquement, comme étant au-dessus de la société elle-même et de sa propre famille, ce qui est l'expression exacte, sincère, publique, solennelle de la vérité la plus incontestable. Il consiste à constituer d'une manière indépendante et inviolable sa personnalité royale, et à l'établir en dehors et au-dessus des intérêts purement humains ou purement privés, afin qu'il puisse rendre aux hommes placés forcément sous la domination tutélaire de son sceptre, la justice distributive dans la seule condition possible d'impartialité, de désintéressement et d'équité qu'on puisse établir sur cette terre. Il consiste enfin à lui donner qualité pour mettre un frein respectable aux prétentions ou à l'ambition de familles devenues riches et puissantes, à quelque titre que ce soit, et qui s'en prévaudraient pour jeter le trouble dans l'Etat et le désordre dans les relations publiques, comme l'a fait, par exemple, la maison d'Orléans dans toutes nos agitations politiques.

Ainsi le principe du Droit divin consiste simplement, je le répète, à établir au nom de la Religion l'individualité souveraine du Monarque en dehors de toute discussion et au-dessus des intérêts matériels et des différends sur lesquels il est appelé à statuer d'une manière définitive et obligatoire; à faire du Souverain le dépositaire fidèle et auguste de la force publique, pour qu'il n'en fasse usage que d'une manière consciencieuse et non pas arbitraire, dans le seul intérêt de la nation tout entière et non dans l'intérêt exclusif de ses passions personnelles ou des grandes familles de l'État; à le rendre le gardien inviolable des institutions fondamentales, des traditions et des principes sur lesquels repose la société, afin qu'il soit engagé d'honneur à les respecter lui-même le premier; à lui conférer le pouvoir suprême de condamner, absoudre, punir, faire grâce, récompenser sans le consentement des parties; à lui reconnaître absolument, sans condition formulable possible, car il n'y en a pour aucune espèce d'autorité, si ce n'est de s'entourer de toutes les lumières de la vérité, c'est-à-dire de la Religion, de l'intelligence et de l'expérience, le droit de faire les lois civiles et politiques qu'il juge nécessaires dans l'intérêt de toutes les classes de la société : les règlements d'ordre public et de sûreté générale pour l'administration et la police du royaume confié à ses soins; de faire la paix et la guerre; de régler les rapports de sa nation avec les autres nations, de sa puissance avec les autres puissances. C'est-à-dire enfin que le principe du Droit divin est la seule sanction morale possible de l'autorité, sanction dont aucun pouvoir ne saurait se passer, que personne au monde ne saurait donner, et qu'aucune force humaine ne saurait suppléer.

La fausse Monarchie de juillet a fourni un exemple mémorable d'une Monarchie fondée sur un principe purement politique, et il semble qu'elle n'ait pas eu d'autre mission sur cette terre que d'en montrer toute l'inconséquence, et le droit, je ne dis pas moralement, mais logiquement incontestable de l'insurrection contre elle.

III.

Le principe du Droit divin est donc le principe le plus salutaire, le plus favorable aux nations qu'il y ait; celui qu'elles devraient considérer comme le palladium de leur grandeur et de leur liberté si elles avaient la moindre lumière; celui que les peuples mêmes devraient exiger avant tout, et défendre au prix des plus grands sacrifices, au péril de leur vie; car ce principe n'est un fardeau, un joug pénible que pour les princes qui en sont chargés, et tous n'ont pas la force de le porter convenablement et sans fléchir. Et s'ils n'étaient, en vertu de ce principe même, dont l'exigence est si sévère, hommes d'honneur et d'âme élevée, ils pourraient, dans leur intérêt purement individuel et égoïste, le repousser, car il ne leur est profitable en rien, et ne peut que les gêner s'ils y ont une foi sincère. Mais celui-là seulement est digne d'être prince et de porter la couronne qui comprend ce principe et s'en revêt volontairement, qui en fait publiquement profession et prend l'engagement devant Dieu et devant les hommes d'y conformer ses actions.

En effet, ce principe ne constitue pour les rois que des devoirs difficiles à remplir et une immense responsabilité, car, en les plaçant sur cette terre au-dessus des nations mêmes, immédiatement après Dieu, il leur impose la tâche laborieuse de lui ressembler, c'est-à-dire de ne faire que ce qui est juste, ce qui est grand, ce qui est bien. Il leur défend implicitement le parjure, l'infidélité, la violence, le mensonge, la déloyauté, en un mot tous les vices qui peuvent les dégrader. Et lorsque ces rois font le mal, ils n'osent au moins le faire sciemment, ouvertement, ou c'est qu'il ne leur a pas été possible de l'éviter, parce qu'ils sentent bien qu'il suffit du trouble de leur conscience et du silence de la nation pour les faire rougir de leur faiblesse et les décontenancer; en telle sorte qu'ils ne peuvent commettre de fautes sans chercher à les réparer.

Que peuvent-ils donc faire de ce principe contre les nations? Absolument rien; car il leur suffit, pour accomplir leurs volontés, du principe politique de la Monarchie qui les rend dépositaires de l'autorité supérieure, de la force publique, et leur confère le commandement des armées. Leur fermeté, leur habileté ou leur adresse suppléent au reste.

IV.

Mais le principe du Droit divin est la seule garantie morale, c'est-à-dire sérieuse, la seule barrière respectable, la seule digue possible contre l'arbitraire, le despotisme et la tyrannie; contre l'envahissement naturel de trois puissances qui, sous quelque forme qu'elles se manifestent, existeront toujours sur cette terre, l'aristocratie, le peuple et le clergé; garanties qu'aucun autre principe ne peut donner, ni aucun mécanisme constitutionnel. C'est le seul lien qui attache publiquement le prince à la Religion, et qui lui permette, sans être sacrilége, de contenir le sacerdoce dans ses limites spirituelles, comme il permet au sacerdoce de contenir le prince dans ses limites temporelles, et d'élever la voix, sans hostilité, en faveur des faibles et des opprimés.

C'est à cet accord, à cet équilibre si désirable et si sottement critiqué par les faux amis des classes populaires, qu'on doit tant d'établissements de bienfaisance inconnus à l'antiquité; c'est par lui que les princes et les ministres de la Religion viennent au secours des malheureux, car sans cela qui donc les protégerait et les secourrait? A moins qu'ils ne demandent, comme ils sont réduits à le faire aujourd'hui, sous le masque de prétendus principes politiques et fraternels, la charité les armes à la main.

C'est cet accord et cette bonne harmonie des princes temporels et spirituels, sous l'invocation du même Dieu, qui est le fondement même de la civilisation et du progrès des nations chrétiennes de l'Europe moderne, et le principe du Droit divin en est le symbole et l'expression publique dans sa manifestation politique la plus élevée : c'est la garantie suprême de tout ordre social, de tout devoir rigoureux, de tout droit véritable, de tout développement régulier; ce n'est pas autre chose.

V.

Ce principe sacré, en plaçant le prince au-dessus de la société, a nécessairement pour objet d'en faire l'image de Dieu sur la terre. Je sais, citoyens représentants, ce qu'on peut répondre à cela, et je prévois vos murmures. Mais, admettons néanmoins pour un instant que l'image puisse faire place au modèle, et que ce soit Dieu lui-même qui gouverne la société : cela ne change évidemment rien à la question; dès lors qu'aurait-on à objecter? Or, à quelque distance que l'image se trouve du modèle, elle n'en a pas moins pour devoir suprême de tendre à lui ressembler dans ses perfections et dans ses modes de manifestation, et c'est par là seulement que les nations, lorsqu'elles ne sont point perverties, peuvent apprécier le prince, l'estimer et l'aimer ; c'est ce qui établit la mesure de leurs affections, et ce qui est pour le prince son plus beau mobile d'émulation.

Pareillement, si le prince était, sous tous les rapports, l'homme le plus parfait, le meilleur, le plus accompli et le plus éclairé de sa nation et de son siècle, il n'y aurait également rien à objecter. Il n'y a donc qu'une seule chose à déplorer, c'est que le prince n'ait pas à un degré suffisant toutes les qualités, toutes les perfections que je viens d'énumérer; mais cela n'attaque et n'infirme en aucune manière le principe de son institution, c'est-à-dire le principe du Droit divin ; et puisque l'institution et la personnification de la souveraineté, quelle qu'elle soit, est absolument inévitable parmi les hommes, sur quel fondement donc pourrait-on l'établir d'une manière qui fût respectable ?

Sans doute il peut arriver, par le mode actuel de succession et d'accession au trône, que le prince ne réunisse pas à un degré convenable toutes les conditions désirables pour remplir dignement et complétement sa haute fonction, bien que cela doive être son ambition la plus élevée, et qu'il soit difficile au peuple d'en juger. Mais c'est précisément en cela que consistent l'imperfection de la Monarchie et de la Royauté et son vice d'organisation ; vice et imperfection qu'on n'a jamais fait difficulté de reconnaître, mais qui ne leur sont point inhérents, et qui ne font rien aux principes sur lesquels elles se fondent. Et en supposant encore que le prince pût être le produit de l'élection générale, ce que je conteste formellement, et ce qui est très-loin d'impliquer une garantie de perfection, de moralité, ou même d'aptitude, cela ne changerait rien au fond de la question.

VI.

Il n'y a donc, citoyens représentants, qu'une seule chose importante à perfectionner dans les sociétés humaines, c'est la Monarchie et la Royauté elles-mêmes, c'est-à-dire le pouvoir suprême et l'élément fondamental, parce que tous les autres perfectionnements dépendent de celui-là, et ne sont pas possibles ou sont éminemment dangereux autrement. Mais ce ne sont pas les nations prises dans leur généralité qui peuvent jamais perfectionner directement les Monarchies et les Royautés en leur imposant leurs volontés; tandis que ce sont les Monarchies et les Royautés, mais surtout les Monarchies et les Royautés chrétiennes, qui perfectionnent les nations.

Néanmoins, quelles que soient les imperfections des Monarchies couronnées par des Royautés de Droit divin, imperfections, encore une fois, qu'on n'a jamais niées, c'est cependant la meilleure, la plus grande, la plus illustre, la plus indispensable de toutes les institutions, et l'on n'a jamais rien établi en politique qui puisse même soutenir un seul instant l'honneur de la moindre comparaison.

Il est bien vrai cependant, il est juste de le reconnaître, que le principe du Droit divin n'empêche pas toujours le despotisme, l'arbitraire et la tyrannie de s'exercer, mais il les condamne formellement ; il fournit en outre le moyen d'en juger, et s'oppose avec force à ce qu'ils s'établissent ou se perpétuent indéfiniment ; il les réduit à n'être qu'un accident passager. Or, dans l'ordre politique, c'est tout ce que l'on peut désirer, parce qu'il est impossible de rien obtenir de plus, de quelque manière qu'on s'y prenne.

Ainsi les Trajan, les Marc-Aurèle, les Constantin, les Mérovée, les Charlemagne, bien qu'ils fussent de très-grands et de très-illustres princes, n'étaient néanmoins que des despotes et des tyrans aussi bien et au même titre que les Sylla, les Néron, les Caligula, les Chilpéric, etc., sauf le degré ; car c'est ici le cas de dire, comme Helvétius, qu'il n'y avait entre eux que la différence du plus au moins. Je ne veux pas dire par là que les Trajan et les Charlemagne aient exercé nécessairement et en réalité le despotisme, l'arbitraire et la tyrannie plus que les meilleurs princes de la maison de saint Louis, mais ils avaient le droit, moyennant forces suffisantes, de les exercer impunément, dans toute leur plénitude, sans que la conscience et la raison publiques aient aucun moyen, aucun droit quelconque de les condamner, ni même de leur en faire un crime, si ce n'est précisément du point de vue de la Religion chrétienne; car, n'étant pas princes de Droit divin, bien qu'ils fussent dignes de l'être, ils étaient libres et maîtres absolus de leurs actions; ils n'avaient, comme souverains, à en rendre aucun compte à personne, pas même à Dieu. Mais il n'en est point ainsi pour les princes de Droit divin : ils ne jouissent pas de la même liberté ni des mêmes priviléges; c'est pourquoi les Marius, les Sylla, les César, ou d'autres tyrans que l'on pourrait citer, n'excitent pas le même mépris, la même indignation que les Caracalla, les Héliogabale, etc., parce que les premiers ne peuvent être jugés que du point de vue du paganisme et avec l'indulgence qu'il comporte, tandis que les derniers sont jugés et condamnés sévèrement par le Christianisme, qui est la base fondamentale du principe du Droit divin.

VII.

Il est une chose à laquelle on ne fait pas attention, citoyens représentants, tellement la mauvaise foi des révolutionnaires est stupide, tellement l'aveuglement des passions est grand : c'est que le principe du Droit divin étant la seule sanction morale possible de l'autorité parmi les hommes, c'est également la seule sanction morale possible de la justice et de l'équité, la seule raison d'être de toute magistrature, la seule garantie de vérité et de sincérité des jugements humains dans tout ordre social, quelle que soit sa forme. Ce principe est donc absolument indispensable, on ne saurait s'en passer, et il existe toujours invinciblement, quoi qu'on fasse, d'une manière occulte ou avouée, sans qu'il soit possible de le faire disparaître un seul instant. Si on le dénie aux Rois, il faut absolument l'accorder aux nations, aux peuples, il n'y a pas de milieu.

Mais alors ce principe revient dans toute sa force et s'incarne nécessairement dans la personne des représentants élus par la nation, si jamais une nation pouvait être représentée autrement que par son Roi même ; conséquemment, ces représentants deviennent à leur tour inviolables, sacrés et inamovibles ; ils ne sauraient être soumis, une fois nommés, à aucune élection, et la nation, après avoir usé à leur égard de son infaillibilité et de sa souveraineté, ne saurait plus avoir aucun droit contre eux, ce qui constitue, au point de vue révolutionnaire, une difficulté absolument inextricable.

Quoi qu'il en soit, les sociétés étant établies sur des institutions fondamentales, sur des conventions générales, sur des contrats civils, des lois, des règlements, des préceptes, des coutumes, des devoirs, des droits, etc., sur des conditions d'existence et de mouvement enfin obligatoires pour tous les individus quelconques, sans qu'ils aient pu être consultés préalablement, puisque les générations se renouvellent et se succèdent sans discontinuité, il faut bien qu'il y ait, en dehors et au-dessus de cet ensemble de faits et de dispositions qui constituent l'ordre social, une autorité supérieure et morale par son principe, permanente, immuable, inéludable, indépendante de sa nature, pour les faire observer et respecter; pour les interpréter ou les modifier suivant le besoin des temps, des circonstances et des sociétés elles-mêmes; pour être arbitre souveraine de droit comme de fait entre tous les intérêts et tous les différends qui peuvent surgir ou exister, autrement ce serait un chaos effroyable; or, ce ne peut pas être la société elle-même, ni une portion quelconque de cette société, puisqu'elle serait en même temps juge et partie, et qu'une société d'ailleurs ne saurait se concevoir sans être personnifiée.

Cette autorité ne peut donc à juste titre, ni même à aucun titre, émaner de la société, car cela supposerait non-seulement que tous les individus, sans exception d'âge ni de sexe, sont aptes à manifester distinctement et librement leurs volontés avec tout le discernement nécessaire, mais cela supposerait encore l'entière unanimité; car les majorités, encore une fois, en tant que nombre, n'ont absolument aucun droit quelconque sur les minorités; et, en outre, ce serait un cercle vicieux; il faudrait toujours qu'il y eût une autorité supérieure en dehors de la société, ne fût-ce que pour provoquer et protéger sa manifestation. Et si l'autorité supérieure pouvait jamais procéder de l'élection générale, elle se nommerait donc elle-même et émanerait d'elle personnellement? Ce qui ne laisserait pas d'être une assez plaisante confusion, une fiction étrangement sublime et vraiment éblouissante.

VIII.

Qu'exige-t-on des magistrats chargés de rendre la justice au nom de l'autorité supérieure? On exige qu'ils soient complétement désintéressés dans les questions sur lesquelles ils sont appelés à prononcer; qu'ils n'aient aucun lien avec les contendants ou les accusés; qu'ils soient, comme juges, d'une nature différente, dans une condition supérieure et indépendante qui implique une garantie sérieuse de droiture et d'impartialité; c'est-à-dire qu'ils soient *moralement* au-dessus et en dehors de la société ou des portions quelconques de cette société qu'ils sont appelés à juger. Et comment pourraient-ils l'être scrupuleusement s'ils émanaient de cette société qui leur serait dès lors supérieure, mais qui devrait néanmoins se soumettre à leurs sentences?

Ainsi des magistrats de convention jugeraient la société au nom de la société, condamneraient l'homme au nom de l'homme, prononceraient contre le peuple au nom du peuple! Quel ignoble tripotage et quel gâchis!

De quel droit et au nom de quel principe respectable et sacré pourraient-ils donc absoudre ou condamner? Où résideraient donc leur force morale et le point d'appui de leur conscience? Évidemment ils en seraient totalement dépourvus, et leurs jugements seraient des actes purement arbitraires, émanant seulement de leur divinité personnelle. Cela saute aux yeux.

Répondra-t-on que les magistrats rendent la justice au nom de la société tout entière? D'abord cela est de toute impossibilité. Et ensuite qu'est-ce donc que la société tout entière? Je vois beaucoup de gens qui en parlent, et personne ne la définit : ce serait cependant bien nécessaire. Est-ce au nom de ce qu'on appelle la République qu'on peut rendre la justice? Mais qu'est-ce encore que la République? C'est une abstraction chimérique bâtie sur des nuages, c'est-à-dire sur la plus fausse métaphysique : c'est aujourd'hui la volonté de tel citoyen ou de tel scélérat, et demain la volonté de tel autre. Ce n'est rien de plus.

Considérez, je vous prie, citoyens représentants, ce que faisaient, par exemple, les magistrats sous le gouvernement tombé en février, dont le monarque, dénué de tout principe supérieur et de toute légitimité, était soi-disant sorti du suffrage de la nation.

Ils condamnaient à des peines infamantes et afflictives des conspirateurs pour excitation à la révolte ou pour s'être révoltés; des voleurs et des filous pour avoir fait la montre et le mouchoir dans des lieux publics; au nom d'un Roi issu de la révolte même et dont la spécialité était de faire le trône et le testament au milieu de l'Europe entière, et cela par des moyens que le sentiment général a bien su deviner. Indigne usurpateur qui, pour satisfaire sa coupable ambition et son insatiable cupidité, n'a pas craint de saper tous les fondements de l'ordre social; poussant la bassesse jusqu'à renier sa race, conduit par la nécessité accusatrice d'en établir une nouvelle afin de masquer son crime; et qui ne s'aperçoit pas, l'insensé, que Dieu, dans son indignation, se sert ainsi de sa propre main pour retrancher de la tige illustre de la maison de Bourbon la branche pourrie de la maison d'Orléans.

Il est donc clair que ces magistrats, sauf la pureté de leurs intentions, que je suis loin de mettre en doute, ne rendaient alors par leurs jugements et leurs condamnations arbitraires et dénués de toute sanction, que délits pour délits, crimes pour crimes, assassinats pour assassinats. Et que peuvent-ils faire autre chose aujourd'hui? J'évite encore, comme vous le voyez, de vous parler de nos sanglants tribunaux révolutionnaires.

Or les conditions que l'on exige des magistrats

pour rendre la justice avec impartialité sont précisément celles que l'on refuse à l'autorité supérieure, dont les magistrats ne sont que les délégués, la prolongation. C'est évidemment là une véritable contradiction, une incontestable bévue.

IX.

Bien plus, citoyens représentants : cette prétention est vaine, car dans toutes les sociétés possibles, quels que soient leur forme et le principe politique de leur organisation, le principe du Droit divin s'exerce inévitablement, *invinciblement*, quand bien même il n'aurait pas d'existence légale; quand bien même il serait désavoué et livré à tous les mépris de la philosophie; puisqu'il consiste essentiellement, exclusivement, à faire, dans les meilleures dispositions possibles d'esprit, dans les meilleures intentions, avec la volonté la plus sainte et sous l'empire de nécessités absolues; mais dans un but moral de mouvement ou de conservation des sociétés, veuillez en faire la remarque ; des lois civiles ou politiques, des règlements d'utilité générale; à prendre enfin sous sa responsabilité INTIME, c'est-à-dire devant sa conscience et devant Dieu, *toutes les mesures d'ordre et de salut public* à un degré quelconque.

Que faites-vous donc autre chose vous-mêmes,

citoyens représentants, depuis que vous régnez sur la France et la gouvernez? N'avez-vous pas invoqué ce principe en tête de votre Constitution? Ne faites-vous donc que des actes de pure méchanceté lorsque vous condamnez, absolvez, punissez, récompensez, transportez; lorsque vous mettez la capitale de la France en état de siége pendant des mois consécutifs; lorsque vous accablez le pays d'impôts et rendez tous vos jugements et tous vos décrets exécutoires, sans que les individus qui en sont passibles aient à y participer, à y donner leur consentement d'aucune manière?

C'est ce qui a lieu dans le monde entier : car tous les pouvoirs, quels qu'ils soient, en Amérique aussi bien qu'en Russie, agissent de même et sont absolus par nécessité; puisqu'ils ont pour fonction spéciale de régler le mouvement des sociétés à la tête desquelles ils sont placés, et d'être en conséquence chargés de l'accomplissement des FAITS que ce mouvement engendre ou rend nécessaires; or un FAIT est toujours et a toujours été de sa nature quelque chose d'absolu dans tous les pays du monde. Il en est de même de la vérité que tout pouvoir est chargé de défendre et de faire triompher.

Seulement, dans les sociétés où le principe du Droit divin est repoussé, ou n'est pas avoué publiquement, il s'exerce néanmoins sans qu'il soit possible de s'en affranchir; mais il s'exerce devant l'orgueil et les passions individuelles, d'une manière secrète, dangereuse, malfaisante, athée; c'est-à-dire frauduleusement, arbitrairement, mensongèrement, hypocritement, tyranniquement et déloyalement : ce qui n'a d'autre avantage pour ceux qui l'appliquent que de les affranchir logiquement de toute obligation morale, de toute conscience, de tout devoir sérieux, de toute probité, et notamment de toute responsabilité franche et légale.

X.

C'est cette révolte contre la vérité qui a conduit des hommes méprisables et remplis de malices à ériger en principe que les lois étaient athées. Sans doute il ne s'agit que des lois humaines. Mais si les lois humaines sont athées, c'est qu'elles procèdent de l'athéisme; et les hommes qui les appliquent, dans tous les cas, ne peuvent se dire athées, ou leurs jugements ne sont point respectables ni obligatoires.

La loi humaine! Voilà donc enfin la divinité des athées. Ils veulent qu'on s'incline devant elle, parce que c'est eux qui la font et qu'ils sont cachés derrière. Divinité perfide et insensée qui se promène au milieu des pauvres humains un bandeau sur les yeux, un poignard à la main. Nouveau donjon élevé pour détrousser les passants. Moyen adroit, lorsqu'on a reconnu et proclamé des principes inviolables, de les étouffer et de les escamoter quand ils sont défavorables à des intérêts privés ; bien qu'on sache cependant à n'en pas douter que les principes seuls sont l'aliment essentiel de toutes les nations, la première de toutes les propriétés collectives. Procédé certain pour sucer les peuples jusqu'à la dernière goutte de leur sang. Autel diabolique érigé soi-disant pour protéger les hommes, mais qu'on a placé d'une manière inaccessible aux infortunés qui ont le plus besoin de protection.

XI.

Vous paraissez croire, citoyens représentants, à ce qu'il semble, être les dépositaires légitimes de l'autorité suprême, parce que vous émanez soi-disant du peuple, en qui réside soi-disant la souveraineté. En telle sorte que, tant que vous êtes censés représenter le peuple, il s'est dessaisi en votre faveur de cette même souveraineté.

Mais, citoyens représentans, ce n'est là qu'un vain échafaudage de sophismes et de fictions, et il n'est pas possible que l'état de votre esprit et de vos lumières soit assez misérable pour que vous l'ignoriez et pour y trouver votre excuse. Il y a évidemment illusion, sinon mauvaise foi ; et vous seriez bien coupables sans la difficulté des circonstances.

Si le peuple est réellement souverain, il ne peut

se dessaisir un seul instant de sa souveraineté, car la souveraineté n'a pas et ne saurait avoir d'effet suspensif; elle ne se dépose pas comme un gage au Mont-de-Piété. Dès lors vous ne pouvez être tout au plus que ses mandataires, à ce peuple malheureux si audacieusement et si cruellement bafoué par les révolutionnaires. Or vous n'avez aucun mandat déterminé. Vous n'auriez même pas cru devoir en accepter, ne voulant pas abdiquer votre liberté et votre souveraineté personnelles. Vous n'êtes donc, en réalité, nullement les représentants du peuple; car enfin, pour représenter le peuple ou n'importe qui, il faut bien le représenter devant quelqu'un, devant quelque chose; on ne peut pas le représenter devant lui-même; à moins que ce ne soit dans une pièce de comédie.

On conçoit très-bien qu'un ambassadeur représente son Roi devant un autre souverain, mais on ne conçoit pas qu'il le représente devant son Roi lui-même. Or c'est exactement la même chose à l'égard du peuple, s'il est souverain.

Vous ne représentez donc sérieusement que vos personnes, pas autre chose; car, pour représenter le peuple, il ne suffit pas, en supposant que cela fût possible, d'être son élu : il faut être des siens; il faut être la personnification vivante de ses intérêts, de ses souffrances ou de ses besoins. Un ouvrier sans travail et sans pain, un mendiant même, le représente bien mieux que vous au fond. Il y a là nécessairement quelque confusion de mots. Vous confondez peut-être la qualité de mandataire avec celle de représentant; or, dans l'espèce, ce n'est point la même chose. J'ignore quels sont au juste ceux qui doivent être les mandataires du peuple; mais je sais bien que la nation ne peut avoir qu'un seul représentant, qu'elle n'a pas besoin d'élire. Ce représentant, c'est son Roi légitime : elle ne saurait en avoir d'autres.

D'ailleurs, pour représenter le peuple, même d'une manière purement abstraite, purement conventionnelle, il faudrait encore que vous eussiez été élus tous, sans aucune exception, et sur une seule liste, à l'entière unanimité des suffrages; car, tant qu'il restera un seul homme du peuple, même un enfant, qui n'aura pas pris part à l'élection, qui ne vous aura pas nommés, dont vous ne représenterez ni les sentiments, ni la volonté, ni les besoins; qui protestera contre vous; et le premier venu peut être cet homme ou cet enfant; vous n'êtes rien à l'égard du peuple pris dans sa généralité. Votre élection ne vaut que pour la majorité, mais non pour la minorité, qui fait cependant partie intégrante du peuple, c'est-à-dire du souverain; vous n'êtes dès lors, au moins à l'égard de cette minorité, que d'adroits usurpateurs, des conquérants rusés, des tyrans déguisés, n'ayant aucune autorité réelle, puisque le partage même des suffrages vous la conteste dès l'origine ; et comme vous ne pouvez avoir ni la logique ni le courage de cette fausse position, vous ne pouvez être fatalement que ce qu'on nomme des intrigants politiques ; quelle que soit du reste votre droiture et la pureté de vos intentions, que je ne suspecte nullement, car mon seul but est de vous faire comprendre vos erreurs et non pas de vous injurier.

Ainsi donc, citoyens représentants, le souverain vous aurait choisis comme mandataires pour lui octroyer sérieusement une constitution et lui donner des lois pour le régir; lois sérieusement obligatoires? En telle sorte qu'à la faveur de cet ingénieux mécanisme le souverain serait enfin parvenu à se faire des lois à lui-même ; à se gouverner personnellement, tout seul, comme un nouveau Robinson dans son île. Certes, ce n'est pas sans peine qu'il est arrivé à ce magnifique idéal de la philosophie.

Bien qu'au premier abord l'on ne comprenne pas trop la nécessité de ces lois, sans doute il va sans dire que cet heureux souverain les fera toutes en sa faveur, car il ne serait point assez sot pour les faire contre lui ; puisque étant obligé personnellement de les mettre à exécution, il pourrait se trouver dans le cas d'avoir soit à punir, soit à conduire en prison, soit à déporter une partie de lui-même ; or cela ne manquerait pas d'être assez désobligeant et assez malséant pour un souverain. Il est clair qu'il lui paraîtra bien plus avantageux et bien préférable de n'avoir qu'à jouir des douceurs qu'il se sera accordées et qu'à se décerner des couronnes. Qui pourrait l'en blâmer ? Mais alors on ne voit pas où résidera la sanction pénale de ces lois phénoménales, sanction dont on n'a pu jusqu'à présent se passer ; car, si le souverain est de sa nature absolument moral, absolument infaillible (personne n'a le droit de le contester), c'est apparemment en vertu de lois antérieures qu'il n'a pas faites, et dès lors il n'a pas besoin d'en fabriquer d'autres. Et s'il ne l'est pas, comment faire, comment y suppléer? Dira-t-on qu'il aura d'autant plus de respect pour les lois, dont l'objet sera de le contraindre, qu'elles émaneront de lui directement? Mais à qui espérer le faire croire? S'imagine-t-on que ces lois deviendront à la fin ses idoles, et qu'il les adorera à plus juste titre que feu les Égyptiens n'adoraient les crocodiles et les ognons dont ils n'étaient pas les inventeurs? Mais c'est là évidemment une mauvaise plaisanterie qui montre seulement ce qu'il faut penser de la souveraineté du peuple; lequel représente, à ce qu'il paraît, toute la nation sans exception. Au moyen de quoi le peuple se trouve supprimé précisément au moment où l'on proclame sa souveraineté. Il faut avouer qu'il n'a pas de chance.

Ainsi des amateurs, qu'on ne connaît pour la plupart ni d'Ève ni d'Adam, arrivent de la Gascogne, du Roussillon, du Limousin pour imposer leurs lois à la Flandre, à l'Alsace, à l'Artois et *vice versa;* et ces provinces, ignorant leur compétence et jusqu'à leurs noms, seraient néanmoins tenues de s'y soumettre! Je ne sais pas si je m'abuse; mais, en vérité, je trouve cela d'une force insupportable.

Les révolutionnaires ont reproché à Louis XIV d'avoir dit : « L'État, c'est moi. » Mais vous en dites (à part vous, il est vrai) tout autant; seulement vous n'avez pas la bonne foi ni la franchise d'en convenir; car que faites-vous autre chose par vos lois, vos constitutions, vos décrets, si ce n'est d'imposer vos volontés à la nation? Peu importe que vous soyez neuf cents. Et quand un seul révolutionnaire même parle du peuple, il entend bien que le peuple c'est lui. Louis XIV avait au moins une excuse valable dans un principe vrai et non contesté. Il était placé à un point de vue convenable et dans une position supérieure, qui lui permettaient de voir et d'apprécier tous les besoins de la nation; il résumait en lui tous les intérêts. Il pouvait faire des ordonnances variées applicables aux convenances de chaque localité; mais pour vous, je ne vois pas, je l'avoue, ce qui peut vous excuser.

XII.

Il ne faut pas craindre de le dire, citoyens représentants, la souveraineté du peuple n'existe nulle part;

elle n'a jamais existé et n'existera jamais, si ce n'est à l'aide d'un mensonge, d'une pure fiction, d'une illusion qui ne repose sur rien, ou d'un abus monstrueux. La raison en est que nul individu dans le monde ne possède par lui-même aucun pouvoir suprême, aucune autorité supérieure, à quelque degré que ce soit ; par conséquent il ne peut pas les transmettre ni les déléguer. Et en quelque nombre que des individus s'assemblent et se concertent, fût-ce même à l'unanimité, si c'était possible, cela ne change rien à leur qualité et à leur valeur intrinsèque ; cela ne peut pas leur donner ce qui leur manque naturellement, originairement. Ils ne peuvent donc pas fonder le pouvoir suprême, l'autorité supérieure ; ils ne peuvent que la reconnaître, l'accepter et s'y soumettre, ou bien se révolter. Ils ne sauraient faire autre chose ; mais se révolter, ce n'est pas là une solution.

Cette autorité supérieure ne réside dans aucun homme, quel qu'il soit, si ce n'est comme moyen d'être représentée et mise en action ; elle réside exclusivement dans un principe nécessaire placé au-dessus et en dehors de toute discussion ; en un mot, elle émane de Dieu et non pas des hommes. Or, Dieu étant la source et le type même de l'autorité supérieure, il est évident qu'elle ne saurait être établie sur la terre autrement qu'à son image. Par conséquent, elle ne peut être représentée que par les minorités et non pas par les majorités ; et la minorité, en dernière analyse, c'est le Monarque ; il n'y a pas moyen d'équivoquer.

D'ailleurs, quoi qu'on fasse et de quelque manière qu'on s'y prenne, les majorités, dans toutes les nations, sont et seront toujours gouvernées ou menées par des minorités. Il y a pour cela d'importantes raisons qui résultent d'une loi que les hommes n'ont point faite et qu'ils ne peuvent abroger. La révolution de février en est une preuve nouvelle, car c'est une faible minorité de la ville de Paris qui a fait cette révolution, qui mène la France et qui lui a imposé la République sans consulter le moins du monde l'immense majorité de la nation, qui est loin d'être républicaine; et qui ne saurait s'empêcher, malgré son trouble profond, de fonctionner monarchiquement.

Il est donc manifeste que la souveraineté du peuple est purement métaphysique, et qu'elle n'existe pas plus que la souveraineté de l'Océan. Elle existe de la même manière et pas autrement.

XIII.

En vérité, citoyens représentants, quand on y regarde attentivement, on s'aperçoit que toutes les objections qu'on a faites à ce grand et salutaire principe du Droit divin, sont si faibles et si misérables qu'elles ne valent même pas la peine d'être réfutées;

elles ne reposent que sur l'ignorance la plus profonde ou sur la plus insigne mauvaise foi. Mais comme elles ont établi des préjugés très-nuisibles, surtout dans la nation française, j'ai cru devoir m'y arrêter quelques instants.

Je ne crois pas nécessaire d'examiner plus longuement cette question, ni de pousser plus avant la discussion, bien qu'elle ne soit pas épuisée. J'en indiquerai seulement quelques corollaires. D'ailleurs, je n'écris pas un traité de la Monarchie ni de l'autorité, et je n'ai point en ce moment à défendre mes opinions ni à faire connaître mes espérances. J'ai seulement à faire comprendre et à expliquer aussi bien que je le puis; à répéter même jusqu'à satiété, que l'État Monarchique et la Royauté de Droit divin, quoi qu'on en puisse dire ou penser, sont la condition même, unique, absolue de la société française; que sans cette condition la nation tout entière tombera infailliblement dans un temps qui ne peut être éloigné, car il n'y a pour tous les pouvoirs possibles que deux modes d'existence : le Droit divin et le Droit infernal, c'est-à-dire le droit de l'ordre et le droit du désordre ou de l'insurrection.

Le premier étant renversé, la société ne peut plus être gouvernée que par la puissance des baïonnettes, par la terreur, le canon, l'échafaud ou les proscriptions; c'est-à-dire par le plus effroyable despotisme. Et alors les conséquences inévitables d'une pareille situation n'offrent pour toute perspective que de voir renaître les beaux temps des Néron, des Caligula, des Danton, des Robespierre et des Marat. Car malheur aux nations dont les princes ou les chefs ne se placent pas sous l'invocation du Droit divin pour les gouverner, parce que de tels princes ou de tels chefs sont capables de tout, et ne sauraient jamais être que de méprisables sots ou d'absurdes coquins.

Sans le principe Monarchique et le principe du Droit divin, que serait donc devenue la France à la mort de Charles VI? Elle serait aujourd'hui une province anglaise et très-probablement une nouvelle Irlande, car c'est le sort réservé à toutes les nations qui se laisseront conquérir par la perfide Angleterre.

XIV.

C'est ce que Napoléon, citoyens représentants, avait fort bien compris en se déclarant Empereur par la grâce de Dieu et les constitutions de l'Empire; et en cela, toute réserve faite de la question de probité, il se montra très-sage et très-sensé; car le principe de la souveraineté du peuple n'est au fond qu'un leurre, une mystification, une jonglerie qui n'a rien de profitable au peuple lui-même, et qui ne sert qu'à le duper et à l'exploiter plus adroitement. Principe qui fait peser sur une nation l'entière responsabilité des fautes et des erreurs de ses gouvernants; fautes qu'elle ne peut prévenir ni empêcher, ni même apprécier en temps utile, mais qui sont réputées émaner d'elle; ce qui n'a d'autre résultat final que de la compromettre, de l'avilir et de la déconsidérer aux yeux du monde entier.

Mais Napoléon n'avait pas compris qu'en s'établissant sur la base politique et morale de la Monarchie, il fallait qu'il y ramenât la société elle-même, ou qu'il pût la reconstituer sur une base nouvelle et plus large; sans quoi la France, anarchisée par la révolution, se trouvait hors d'unité avec lui. Par conséquent son pouvoir devenait forcément despotique et arbitraire, et il serait tombé, en pleine paix, sous les coups redoublés d'inévitables insurrections. Il était, il est vrai, en unité avec le reste de l'Europe monarchique; mais, par une singulière contradiction, qui tenait à une cause que nous n'avons pas à expliquer ici, il était en guerre perpétuelle avec l'Europe entière, sans qu'il pût l'éviter ni s'arrêter dans la voie périlleuse où il s'était engagé. Il devait donc également tomber par la guerre, car son pouvoir était atteint d'une profonde et incurable division contre lui-même, et tout pouvoir divisé ne saurait subsister.

Néanmoins il est à propos de remarquer que le principe du Droit divin ne changeait rien à sa position politique, et la rendait au contraire moins fausse, en lui donnant une condition de stabilité et d'autorité morale que ses longues guerres ont neutralisée. Ce principe n'avait d'ailleurs rien de défavorable pour la nation, puisqu'il tendait à rendre son pouvoir, déjà tout-puissant par sa seule force matérielle, plus doux, plus équitable, plus humain; et lui imposait de grands devoirs envers la société entière, devoirs qu'il a cherché à accomplir de son mieux.

Car c'est en se plaçant ouvertement et courageusement sous l'invocation de ce principe auguste et respectable, dans un temps d'anarchie où rien n'était respecté; et en abolissant complétement la sanglante république qui avait couvert de ruines la société, que cet homme célèbre put se faire, je ne dis pas législateur, mais ordonnateur dans sa nation, et qu'il a vraiment mérité le nom de Grand. Il ne l'a jamais mérité pour autre chose. Et c'est sans doute à l'influence salutaire de ce principe, qui le chargeait d'une grave responsabilité morale aux yeux du monde entier, que nous devons ses deux abdications si douloureuses pour lui. Un souverain de droit populaire n'aurait pas hésité à préférer la guerre civile et les malheurs de sa patrie, si le cœur ne lui avait pas manqué.

XV.

On voit par là, citoyens représentants, que les

puissances européennes, en rétablissant en France la Royauté, mais non pas la Monarchie, n'ont pas été plus éclairées que Napoléon, et qu'elles n'ont su faire les choses qu'à moitié. C'est pourquoi la position de la Restauration était insoutenable : car elle ne reposait sur rien de fondamental, étant isolée au milieu de la nation qui n'avait plus de ressemblance avec elle, et livrée sans défense aux coups multipliés de l'élément industriel et commercial, et de tout le rouage parasite de la société. Il était inévitable qu'elle fût renversée.

Mais remarquez encore ici que le principe du Droit divin ne faisait rien à la question, et n'était réellement favorable qu'à la nation elle-même : la Restauration pouvait très-bien ne pas s'en charger et faire, comme l'a fait plus tard la maison d'Orléans, de la politique tricolore et astucieuse qui aurait peut-être mieux servi ses intérêts privés. Je ne veux pas dire par là qu'elle aurait pu se soutenir beaucoup plus longtemps, car aucun pouvoir n'a d'existence assurée en France dans l'état de dissolution et d'anarchie où elle se trouve jetée. Mais au moins elle aurait pu guerroyer, étant libre de tout engagement moral envers Dieu comme envers les hommes, et faire acheter sa chute par des flots de sang.

On voit maintenant pourquoi les Bourbons de la branche aînée n'ont jamais su rien apprendre, ni jamais su rien oublier.

XVI.

Cependant le roi Charles X avait un sentiment très-juste et très-vrai de sa position et de l'état profondément anarchique de la société française; il ne recula pas devant la tâche difficile et périlleuse de la rétablir sur sa base véritable, et en cela il avait hautement raison. Mais il eut le tort grave d'attaquer le premier, avec des moyens trop faibles, sur un point resserré où l'ennemi avait concentré toutes ses forces et où il avait élevé des retranchements formidables. Charles X n'a fait aucune faute comme roi, il en a fait seulement une grande comme général. Il a perdu contre les Anglais de la France sa bataille de Poitiers. Il n'y a rien de plus à lui reprocher.

XVII.

L'exemple de la fausse Monarchie de juillet, citoyens représentants, en faisant très bien comprendre toute la différence qui existe entre une Monarchie purement politique et une Monarchie de Droit divin, justifie complétement Charles X. La fausse Monarchie de juillet avait cependant toutes les conditions matérielles de la Monarchie, sauf à ramener le reste de la société à son type; mais il lui en manquait une seule, et celle-là était la principale : il lui manquait la condition morale, condition sans laquelle toutes les autres ne sont rien, ou au moins ne sont que secondaires. C'était une Monarchie moins un Roi, car le faux monarque de juillet n'était pas un Roi : c'était un entrepreneur de sociétés constitutionnelles, parfaitement semblable aux entrepreneurs de sociétés en commandite qui florissaient sous son méprisable règne, et dont il était en même temps l'image et la justification. Il lui était donc interdit, puisqu'il n'avait aucune qualité pour cela, de réorganiser la société française, comme il en aurait eu besoin dans l'intérêt même de sa conservation et de sa stabilité. En telle sorte que le pouvoir de juillet était non-seulement hors d'unité avec l'Europe monarchique, mais encore avec la nation. Il devait périr par les conséquences de la paix, comme le pouvoir de l'empire avait péri par les conséquences de la guerre.

XVIII.

Toutes les révolutions modernes, citoyens représentants, se sont faites au nom des droits de l'homme et du citoyen. Cela prouve d'abord la stupidité et la profonde ignorance des révolutionnaires. On commence cependant à s'apercevoir qu'il y a aussi pour l'homme et le citoyen (puisque telle est la formule) des devoirs à remplir dans les sociétés. Cela est heureux vraiment. On arrivera, il faut l'espérer, à reconnaître la vérité tout entière : on arrivera à reconnaître que l'homme et le citoyen n'ont aucun droit primordial sur cette terre à revendiquer. Ils n'ont même pas, à l'état de société politique, le droit de stipuler dans l'ordre général. Ils n'ont que des devoirs à accomplir, et ils ne peuvent s'y soustraire sans encourir un châtiment ; car c'est le devoir qui prime tout, dans tous les mondes possibles. C'est pourquoi la seule chose importante pour l'homme, c'est de connaître clairement ses devoirs et de s'y renfermer ; car du moment que l'homme accomplit ses devoirs, les droits s'ensuivent naturellement, et ne peuvent lui manquer.

Le droit dans l'ordre moral et politique, c'est uniquement, exclusivement, la rémunération, le payement du devoir, *tant qu'il existe et se poursuit*, par un moyen qui ne peut s'effectuer en numéraire ou en produits ; ce qui montre que les devoirs et les droits sont très-variés ; qu'il y en a de permanents et de passagers.

Les devoirs pour l'homme sont le recto des pages de sa vie ; les droits n'en sont que le verso ; on ne peut pas les séparer quand c'est le devoir qui a la priorité ; et si, par impossible, on frustrait l'homme d'un droit légitime et incontestable, tant mieux pour lui, car Dieu immédiatement y pourvoit. Mais il n'en est pas de même quand on veut la donner au droit, cette priorité, parce qu'alors le droit n'est plus un avantage : c'est une nouvelle charge, un impôt déguisé. Néanmoins, quand les révolutionnaires réclament des droits en leur faveur, il est bien entendu qu'ils se proposent de laisser les devoirs à d'autres, et n'ont nullement l'intention de s'en charger ; mais ils se prennent plus d'une fois dans leurs propres filets.

XIX.

Vous semblez ignorer, citoyens représentants, que le principe du Droit divin étant au fond la seule garantie possible et réelle, le seul fondement moral de tout ordre social ; c'est également la seule garantie, le seul fondement possible et réel du droit de propriété lui-même dans toutes les nations, notamment de la propriété territoriale ; que la propriété n'en a absolument pas d'autre, car la propriété sur cette terre (je parle toujours de la propriété immobilière), n'appartient pas à l'homme : elle appartient à Dieu seul, qui l'a créée, et qui a de plus fourni tous les moyens d'en tirer parti : cela ne saurait être contesté. Par conséquent, elle appartient au pouvoir qui émane exclusivement de lui, qui le représente ; c'est-à-dire qu'elle appartient principalement, et avant tout, au souverain légitime, qui la délègue et en dispose selon les nécessités de la société à la tête de laquelle il se trouve placé, et conformément à l'accomplissement et aux exigences de sa mission providentielle ; et si c'est le peuple qui est le souverain légitime, la propriété lui appartient incontestablement ; il a le droit imprescriptible d'en disposer comme il l'entend, d'en faire tout ce qu'il veut : cela ne saurait faire question un seul instant.

Dès lors le Communisme et le Socialisme qui vous effraient tant, que vous combattez avec ardeur, sans aucun droit cependant, seraient la vérité ; l'avenir leur appartiendrait logiquement, et personne ne saurait être reçu à le leur disputer ; d'autant moins raisonnablement que leur point de départ et leur base d'opération sont précisément le suffrage universel, auquel vous avez donné votre consentement ; car le suffrage universel a pour conséquence forcée le Communisme ou le Socialisme, c'est-à-dire l'abolition de l'autorité monarchique et paternelle et par suite de la propriété personnelle et familiale ; il en est le prélude nécessaire, comme le Communisme et le Socialisme en sont la traduction littérale.

Il ne suffit pas, en effet, de proclamer dans une Constitution la famille et la propriété ; car à quoi cela sert-il si on ne leur donne aucun rôle, aucune fonction dans la société, et si l'on n'en détermine pas les conditions politiques et morales ?

XX.

On a dit tout récemment que la propriété avait

pour seul fondement le travail, c'est-à-dire un fait, un acte humain purement matériel. C'est là évidemment une opinion erronée, non-seulement contestable, mais insoutenable. Ce n'est pas d'ailleurs une définition, c'est une malice d'homme de juillet qui sera parfaitement bien acceptée par les hommes sincères de février, à la condition qu'on en fera sortir la conséquence.

Il ne s'agit pas seulement ici de confondre à dessein la propriété immobilière avec la propriété mobilière, il s'agit de s'expliquer clairement sur le droit à la propriété, notamment à la propriété foncière ou territoriale, qui fait l'objet de la contestation.

Or, si la propriété immobilière a pour base et pour fondement exclusif le travail, il est de toute évidence que tous les travailleurs, sans exception, doivent y participer directement, légalement, à titre d'ayant-droit ; la posséder également sous une forme quelconque, puisque l'égalité est reconnue et proclamée comme un principe social.

Cependant il s'élève sur ce point une difficulté sérieuse : si l'on accorde à tous les travailleurs, sans exception, un droit égal à la propriété, ou même une compensation de ce droit si l'on veut, il faudra encore que tous les travailleurs à qui on l'accordera remplissent certaines conditions : qu'ils n'en soient pas indignes; qu'ils n'aient jamais démérité ; qu'ils aient toujours été des citoyens honorables, de bons républicains ; qu'aucune peine infamante, aucune flétrissure ne forme contre aucun d'eux un motif d'exclusion, auquel cas ces derniers devraient être déchus ou suspendus de leurs droits ; sans quoi le droit à la propriété ou à la possession générale n'aurait aucune sanction morale, aucune espèce de légitimité; il n'existerait même pas, à proprement parler; car il répugne d'admettre qu'un malfaiteur, par exemple, condamné aux travaux forcés, soit, en raison même de ce châtiment, apte à participer à la propriété par son titre de travailleur, qu'on ne saurait assurément lui contester.

Il suit de là que le travail, ou une condition purement matérielle, ne saurait être le fondement réel du droit de propriété, ou à la possession collective, de quelque manière qu'il soit entendu ; et que ce droit, au contraire, a pour premier fondement véritable le MÉRITE, la MORALITÉ, la TRADITION, c'est-à-dire un principe immatériel.

Le travail, sans aucun doute, peut conférer le droit à la propriété, personne ne le conteste ; mais le travail seul ne suffit pas, ce n'est qu'un droit secondaire : la prière, la vertu peuvent aussi le conférer à un titre non moins respectable; il s'agit donc de savoir comment, quel travail, dans quel but et à quelles conditions : c'est là toute la question. Or, le souverain seul, le souverain légitime, le souverain véritable, a qualité pour établir ces conditions et les régler conformément à son principe et à l'ordre social qui doit en résulter.

On a défini en ces derniers temps la propriété par le vol. La définition est sans doute quelque peu brutale. Cependant, en ce qui concerne la propriété territoriale, il est certain qu'en dehors du principe du Droit divin et de toute sanction morale, cette définition révolutionnaire est parfaitement incontestable ; mais elle est fausse, du moins jusqu'à présent, à l'égard de toutes autres propriétés, notamment des propriétés ou richesses industrielles et commerciales proprement dites ; bien que la manière dont elles ont été acquises ne soit pas à beaucoup près irréprochable.

XXI.

On a dit encore que la propriété était illégitime comme procédant de la force et de la conquête ; mais cet argument ne signifie rien en lui-même : la force, la conquête peuvent être des titres fort légitimes et fort respectables, comme ils peuvent être des titres abusifs et condamnables. Si l'objection posée en ces termes avait quelque valeur, sur quoi donc reposeraient les droits de propriété de la France sur l'Algérie? Et cependant, qui les conteste en France?

Mais tout pour l'homme sur cette terre est fondé

sur la conquête; sa vie entière est une conquête perpétuelle.

XXII.

La propriété, ou la possession immobilière, ne repose sur aucun droit naturel, sur aucun droit primordial ou de premier occupant, sur aucun droit individuel préexistant; elle repose entièrement, exclusivement, sur les conditions mêmes de l'ordre social; sur la nécessité de constituer matériellement l'établissement de l'élément fondamental des sociétés; c'est-à-dire sur l'obligation de satisfaire aux exigences, aux besoins de toute nature, à la conservation, au développement et à la stabilité de cet élément. Le droit à la propriété n'a pas et ne saurait avoir d'autre fondement, comme l'ordre social lui-même ne saurait avoir d'autre fondement qu'un principe moral supérieur aux sociétés et auquel il faut se soumettre, bien qu'il ne puisse être interdit de s'en rendre compte et de l'examiner librement.

C'est pourquoi la propriété territoriale, en principe, est inaliénable et incessible de sa nature; son mode de transmission doit être réglé par l'autorité légitime, et ce fut une des fautes graves de la Monarchie que d'en avoir permis la vente facultative.

XXIII.

Le collègue dont je vous ai déjà parlé, citoyens

représentants, a très-bien compris le fond de la question, en énonçant devant vous une vérité importante, qu'il a résumée par ce dilemme : « Ou la propriété emportera la République, ou la République emportera la propriété. » Cette vérité n'est toutefois que secondaire ou transitoire, et montre, quand on veut la sonder, que la République ne saurait être fondée que sur l'athéisme, sur la négation la plus complète de la Divinité. Ce collègue est trop logicien pour le contester; mais il serait arrivé au sommet de la vérité tout entière s'il avait pu poser le dilemme de cette manière : Ou la République emportera Dieu, ou Dieu emportera la République. Car tant que les athées n'auront pas prouvé clairement que l'homme est d'origine républicaine et que le Créateur est le produit du suffrage universel ou n'a jamais existé; que l'unité est une aberration de l'esprit, je les défie bien d'établir leur République d'une manière stable et sur un terrain solide.

Et qu'on ne vienne pas dire qu'un vrai Républicain puisse croire en Dieu : c'est ce que je nie de la manière la plus formelle. Tout homme qui croit véritablement en Dieu ne saurait être Républicain, et tout homme vraiment Républicain ne saurait croire en Dieu, ou il ment s'il le dit, sauf l'excuse d'illusion ou d'insuffisance d'esprit; à moins encore que cet homme ne soit pas chrétien, auquel cas il n'y aurait rien à dire, si ce n'est qu'il est un idolâtre dont le Dieu est aussi arriéré, aussi rétrograde, aussi méprisable que lui.

Il ne suffit pas en effet qu'un Robespierre, les mains ruisselantes de sang humain, ait l'impudence de prendre l'Être-Suprême sous sa protection, après avoir renversé ses autels : c'est là une insulte dont un Républicain seul pouvait être capable, mais ce n'est pas là assurément une preuve de croyance ni de religion.

XXIV.

Je devrais peut-être vous entretenir, citoyens représentants, pour terminer ce chapitre, d'une chose de la plus haute importance et digne du plus grand intérêt : c'est de la mission providentielle de la France, car la France est chargée dans le monde d'une mission providentielle. Mais à quoi servirait-il de vous en parler? Vous ne pouvez rien pour son accomplissement. Et cependant si la France n'accomplit pas sa mission, elle sera effacée du rang des nations!

CHAPITRE VII.

CONCLUSION.

I.

Pardonnez, citoyens représentants, si je me permets de vous interroger; mais savez-vous ce que c'est que les trois révolutions que la France a subies depuis soixante ans? Savez-vous bien ce que c'est en réalité que la République? C'est la guerre déclarée à l'Évangile; c'est l'Évangile même mis en question, ce n'est pas autre chose, malgré toutes les dénégations contraires; car on ne l'invoque que pour l'étouffer, et pour mieux masquer ses complots contre lui. Mais l'Évangile est la pierre angulaire des sociétés modernes, et vous n'ignorez pas sans doute ce qui est écrit : Malheur à celui qui s'y heurtera et sur qui elle tombera!

La République n'est pas une forme politique; c'est une perturbation, une maladie du corps social. C'est, dans son fait le plus général, sauf quelques rares exceptions, la lie de toutes les classes et de toutes les professions de la société qui monte à la surface; c'est le triomphe de l'athéisme, du mensonge, de l'orgueil, du vice, de l'ignorance et de la médiocrité. C'est enfin un châtiment, un fléau comme la peste, comme le choléra; fléau qui a sa source dans les causes morales, et qui est infligé aux sociétés coupables. La République est incompréhensible autrement; car comment expliquer que, dans une nation aussi profondément monarchique que la France, lorsque la République n'est pas dans les destinées de l'espèce humaine, une imperceptible minorité ait l'audace inimaginable de l'imposer à la nation tout entière; et que cette nation, qui est cependant brave, puisse la subir et l'endurer avec une patience qui n'est même pas dans son caractère? Mais du moment que c'est un fléau, tout s'explique. Il aura ses phases de croissance et de décroissance, et il disparaîtra quand il aura exercé suffisamment ses ravages.

II.

Savez-vous encore, citoyens représentants, quel est le premier, le plus ancien, le plus fameux de tous les républicains? C'est Satan, que les Hébreux appelaient l'adversaire. C'est là un véritable républicain de la veille. Et c'est celui-là seulement, toujours sauf quelques rares exceptions, que les républicains honorent; c'est à lui qu'ils sacrifient. Mais, quelle que soit sa puissance, qui est grande assurément, vous admettrez bien, j'espère, que celle de Dieu n'a pas à la redouter. Dès lors c'est en vain que vous chercheriez à faire triompher la République; et c'est en vain que par peur vous continueriez à vous la laisser imposer. C'est en vain aussi que vous chercheriez à lui tendre des embûches et à la faire avorter par des manœuvres sourdes ou déloyales : ce n'est pas ainsi qu'il faut la combattre et s'opposer à ses dangers.

Le mouvement révolutionnaire n'est pas au bout de sa carrière, je vous en avertis; il ne fait que commencer. Il est à présumer que la République rouge, qui vous inspire un si grand effroi, triomphera passagèrement, quoi que vous fassiez pour lui barrer le chemin; elle est malheureusement dans la force de notre déplorable situation et dans les voies du châtiment. Elle triomphera de vos faibles obstacles, et par les moyens mêmes que vous cherchez à lui opposer, ou qui vous semblent pouvoir la conjurer. Puisque vous n'avez pas eu le courage de protester contre le principe et la proclamation même de la République, vous en boirez le calice jusqu'à la lie. C'est alors qu'il y aura des pleurs et des grincements de dents.

III.

Si les républicains disaient : Nous ne savons quelle est la meilleure forme sociale; nous la cherchons, et nous soutenons la République uniquement comme moyen d'assurer une entière liberté de discussion et d'examen. Nos cœurs sont navrés à la vue des souffrances et de l'opprobre des classes populaires, et nous avons fait vœu de mettre un terme à leur misère. Nous avons une soif ardente de justice et de vérité qui souvent nous exaspère involontairement, nous en convenons. Nous ignorons, il est vrai, la loi du mouvement des sociétés humaines; mais nous croyons voir dans le monde beaucoup d'imperfections et beaucoup d'iniquités, autant du moins que nous en pouvons juger, et souvent nous nous en trouvons victimes nous-mêmes; c'est pourquoi nous cherchons avec bonne foi et simplicité des conditions plus favorables au développement et à l'expansion de l'existence humaine; plus conformes à la notion que nous nous formons de la bonté divine. Peut-être alors les républicains seraient-ils excusables, si jamais on pouvait l'être de renverser un ordre social, sans savoir comment on peut le rétablir, en causant ainsi une ruine générale. Mais il n'en est pas ainsi : les républicains veulent, avant tout, le triomphe de leurs intérêts individuels, de leur égoïsme caché sous des mots trompeurs, le succès de leurs coteries et de leurs systèmes simulés pour motiver l'avénement de leurs illustres personnes. Le peuple n'est pas l'objet de leurs passions, c'est simplement leur instrument.

IV.

Auriez-vous la simplicité de croire, citoyens représentants, que les républicains, dans l'Europe entière, cherchent sincèrement les conditions du bonheur du peuple? Qu'ils veulent sérieusement mettre un terme à ses souffrances, à sa misère? Cela n'est pas un seul instant vraisemblable. Quand même les républicains n'auraient qu'un seul mot à dire pour faire cesser la misère du peuple, ils se garderaient bien de le prononcer.

La misère du peuple! mais c'est la prospérité des républicains; elle leur est indispensable; c'est leur patrimoine. Et pour celui-là ils feront, soyez-en certains, toutes sortes d'efforts clandestins pour empêcher qu'on y touche. Ils veulent bien que le peuple renverse les positions et les fortunes d'autrui, mais c'est à la condition qu'elles passeront en leurs mains; ils ne se sont jamais proposé autre chose.

La première révolution en est une preuve accablante : ainsi les provinces de France pouvaient être un abri pour la liberté contre leurs fureurs, leur despotisme et leurs dilapidations, ils ont brisé les provinces. Les corporations et les jurandes protégeaient et secouraient l'ouvrier et les pauvres, ils ont brisé les corporations et les jurandes. Les institutions le plus profondément démocratiques que le monde ait jamais eues furent les institutions catholiques, ils ont détruit les institutions catholiques. Enfin un roi vertueux voulut sincèrement le bonheur du peuple, ils l' ontfait périr sur l'échafaud pour se venger sans doute de ses bonnes intentions. Il fallait diviser pour régner, ces fanatiques du néant ont tout réduit en poussière. Et qu'ont-ils édifié? Quand ils ont eu le pouvoir en main, ils n'ont jamais rien fait pour le peuple qu'ils avaient égaré et plongé dans la misère pour le tenir à leur disposition, pour en faire un agent d'extermination à leurs ordres. Si leurs intentions avaient été bonnes à ces républicains sauvages, ils se seraient bien aperçus que le moyen le plus efficace d'améliorer le sort des peuples n'était pas d'abolir des priviléges nécessaires et justes en eux-mêmes, mais de les étendre et de les varier convenablement pour les équilibrer. Mais que leur importe encore une fois le bien-être du peuple dont ils parlent tant; que leur importent la justice et la vérité? que leur importe qu'une nation périsse dans les supplices de leurs odieuses caresses et de leurs basses flatteries, pourvu qu'ils en jouissent quelque temps? Car, du moment qu'ils se sont emparés du pouvoir et de la puissance publique, le problème n'est-il pas résolu? Après cela, si le peuple n'est pas satisfait, il faut qu'il soit bien difficile.

Encore aujourd'hui, lorsque les princes de l'Europe veulent créer de nouvelles institutions en faveur des classes populaires, vous les voyez alors s'élever avec rage contre ces institutions et ces princes, et siffler comme des serpents dans un buisson ardent, jusqu'à ce qu'enfin ils soient parvenus à les renverser. C'est qu'il faut avant tout que les républicains assouvissent leur soif de domination et d'argent; ils n'ont pas d'autre but, car on ne saurait prendre au sérieux les prétentions politiques et sociales de ces dieux infernaux des temps modernes, qui veulent refaire l'homme à leur image pour s'attribuer le droit de l'asservir et de le gouverner, malgré leurs formules mensongères.

Non, citoyens représentants, les républicains dans toutes les nations n'ont jamais voulu sincèrement le bonheur des peuples, qui ont toujours eu à souffrir cruellement de leur incurie et de leur despotisme. Ils n'en connaissent même pas les conditions et n'ont aucun moyen de le réaliser, car jamais aucun pouvoir légitime ne s'y serait opposé. Ils n'ont voulu qu'exploiter les peuples à leur profit. Ils n'ont jamais cherché sincèrement le triomphe de la justice et de la vérité. Ils n'ont jamais cherché premièrement le royaume de Dieu sur la terre. Ils ont seulement voulu se venger du juste mépris qu'inspirent aux honnêtes gens leurs doctrines subversives, leurs mœurs et leurs personnes. Comment supporter, en effet, dans leur orgueil intarissable, qu'on leur refuse la considération et l'estime qu'ils ambitionnent, sans aucun titre, il est vrai, et qu'ils se refusent même entre eux? Comment supporter qu'on reste sans admirer leurs grands génies, leurs grandes âmes, leurs grands mots et leurs grandes barbes? On ose adorer Dieu en leur présence et l'on ne s'incline pas devant eux, on les regarde même sans baisser les yeux. Voilà ce qui excite leurs colères et leurs passions haineuses. Et cependant qu'ont-ils toujours été pour la plupart, ces nobles et fiers républicains? Des intrigants perdus de dettes et de débauches, des héros d'estaminet, recrutant tous les vauriens et tous les aventuriers; remplis de vices, d'orgueil et de paresse; sans mérite réel, sans talents, sans lumières, sans probité. Tout leur bagage se compose uniquement de leur impudence et de leur criminelle audace, que, par respect pour l'espèce humaine, on n'osait pas supposer. Ils ne savent que se venger sur les innocents de leur impuissance et de leur incapacité.

Leur supériorité dans l'art de gouverner les nations n'a jamais consisté qu'à pousser jusqu'aux excès les plus abominables et jusqu'au peuple lui-même la politique de Louis XI et de Richelieu; qu'à faire dans le monde un immense carnage et une immense consommation de poudre à canon, ou à laisser pourrir les peuples dans l'inaction, dans la misère et dans la fange.

Ils préconisent sans doute avec ardeur ce qu'ils appellent le règne des lois parmi les hommes. Ce règne convient en effet fort bien à leur bonne foi et à leur médiocrité; car, après avoir fait au hasard des lois absurdes, iniques, sans raison, sans connaissances aucunes et de la manière la plus arbitraire, ils deviennent alors législateurs à bon marché; et il leur est ensuite tout aussi facile de jouer dans le monde et dans les rues des villes, mais avec moins d'harmonie, de l'ordre légal et de la République, que de l'orgue de Barbarie : il n'y a plus que la manivelle à tourner.

Plaisants réformateurs que les républicains qui taxent les partisans de la Monarchie de réactionnaires, et dont tout le génie consiste à ramener les sociétés modernes aux vieilleries monstrueuses des républiques d'Athènes et de Rome, affichant la prétention d'en faire disparaître l'odieux, mais qui ne s'aperçoivent pas que c'est précisément la conséquence de ces régimes vicieux.

Aujourd'hui même, le peu d'élévation qu'ont leurs idées ne provient encore que des larcins faits aux novateurs modernes qui furent de leur vivant en butte à leurs moqueries; seulement ils n'en avouent pas la source et n'en comprennent pas la portée. Tout dans les républicains est vice, mensonge, mauvaise foi, déloyauté et incapacité. Mais heureusement le temps approche où, comme on l'a dit de Néron, le nom de républicain sera dans les races futures aux plus vils scélérats la plus cruelle injure.

Peut-être si les républicains avaient la puissance suprême qu'ils convoitent, dégagée des entraves qui les gênent et à l'abri de leurs propres rivalités, de leurs propres défiances et de leurs propres mépris, daigneraient-ils faire au peuple quelques aumônes, quelques largesses aux dépens des classes riches qu'ils ne cherchent qu'à dépouiller; mais c'est à la condition qu'on les reconnaîtrait pour les princes du peuple, car c'est le fruit qu'ils entendent retirer de leurs théories de suffrage universel et d'égalité auxquelles ils ne croient qu'à cette seule condition, car autrement elle n'est dans leur bouche qu'un piége abominable, qu'une détestable supercherie exclusivement à l'usage de ces monteurs de coups qu'il faudrait appeler le parti du bagne.

V.

Pour jeter encore quelque lumière sur notre déplorable situation politique, il est nécessaire d'examiner l'état des partis qui divisent la France.

On croit généralement, citoyens représentants, que la France est divisée en trois grands partis : le parti de la Monarchie ou de la Royauté légitime, le parti de la Bourgeoisie ou du régime constitutionnel, et le parti du Peuple ou de la République démocratique. C'est une erreur, ou plutôt une fausse apparence. Il n'y a que deux partis en France, car il ne saurait y avoir, dans toutes les nations possibles, plus de deux partis, quelles que soient leurs subdivisions, et il n'y en a jamais eu que deux, correspondant à la dualité du mouvement social, tel qu'il a eu lieu jusqu'à présent dans les sociétés européennes. Les deux partis qui divisent la France sont le parti de l'ordre véritable, c'est-à-dire de la Monarchie et de la Royauté légitime, et le parti du désordre légal ou violent, c'est-à-dire de la République, sous quelque nom et quelque couleur qu'elle se présente, soit modérée, soit démocratique.

Le parti de l'ordre ou de la Monarchie véritable se compose principalement de l'élément territorial et des populations agricoles, qui ne peuvent vouloir autre chose que le rétablissement de la Monarchie avec toutes ses conditions de stabilité. Ce parti est nécessairement en dehors du mouvement révolutionnaire, dont il est sans cesse victime, et souvent de la manière la plus cruelle.

Le parti du désordre ou de la République, soit modérée, soit démocratique, se compose de l'élément industriel et des populations manufacturières qui veulent renverser l'élément territorial dans le seul but de régner à sa place. Ce parti se divise en deux factions distinctes : la faction Bourgeoise proprement dite, ou de la République modérée; et la faction populaire, ou de la République démocratique.

Ces deux factions distinctes renferment une partie saine et honorable assurément très-considérable, qui forme évidemment la majorité du parti du désordre, pris dans sa généralité. Cette partie saine et honorable n'aime pas nécessairement le désordre par suite d'un penchant irrésistible, et n'est pas précisément révolutionnaire; mais elle laisse faire volontiers les révolutions, dans l'espérance de profiter des bonnes aubaines et des circonstances favorables qui flattent à l'avance son imagination, car elle n'est pas en état de prévoir, dans son ignorance, jusqu'où les révolutions peuvent aller. Cette espérance, séduisante pour le vulgaire, est d'ailleurs naturelle au cœur de l'homme, et on ne saurait rigoureusement en faire un crime à cette partie saine et honorable du parti du désordre, parce qu'on ne peut pas à bon droit exiger d'elle un désintéressement, une grandeur d'âme, une moralité et des lumières que son éducation, ses habitudes et sa position précaire ne comportent pas.

Il convient donc, pour simplifier la question et éclaircir la position, d'éliminer du parti du désordre sa partie saine et honorable, qui n'opposera jamais de résistance sérieuse au bon ordre, parce que cela pourrait compromettre gravement et pour longtemps ses intérêts matériels, d'où dépendent tous ses moyens d'existence, et de placer cette partie saine et honorable avec le parti de l'ordre, également en dehors du mouvement révolutionnaire proprement dit, bien qu'elle y touche de plus près. Et pour séparer entièrement, d'une manière plus nette et plus précise du parti du désordre, cette partie saine et honorable que nous avons distinguée, il est nécessaire de considérer particulièrement la partie purement révolutionnaire des deux factions bourgeoise et populaire, et de leur donner des noms spéciaux qui servent à les faire reconnaître et à les classer définitivement.

En conséquence, nous appellerons, dans l'ordre de leur force numérique, la partie purement révolutionnaire de la faction populaire, FACTION ROMAINE, et la partie purement révolutionnaire de la faction bourgeoise FACTION CARTHAGINOISE. Ces noms ont l'avantage d'être en rapport exact et en analogie parfaite avec l'esprit et le caractère distinctif de ces deux factions et avec la destinée qui les attend.

La faction romaine et la faction carthaginoise, formées toutes les deux principalement du rouage parasite de la société, se disputent le pouvoir suprême dans le seul but d'établir une République aristocratique, exclusivement à leur profit respectif, car ces deux factions sont en secret très-friandes d'aristocratie, malgré leur comédie égalitaire. Quant à une République démocratique et sociale, ou à une République dite honnête ou modérée, ornée au besoin d'un monarque constitutionnel, ce sont là de ces bourdes qu'on donne à garder au peuple et aux boutiquiers pour entretenir leur zèle, et dont il serait bien superflu de s'occuper.

Il résulte de ce tableau des partis en France que la ligne de conduite du parti de l'ordre se trouve toute tracée, et qu'il doit la suivre avec une attention extrême, afin de sauver la société dans les circonstances graves où elle se trouve placée ; car c'est le parti de l'ordre qui est exclusivement appelé à la sauver. Il est d'abord fort important qu'il ne se confonde pas avec le parti du désordre, et surtout qu'il ne tente aucune alliance avec les deux factions romaine et carthaginoise, alliance qui serait nécessairement fausse et mensongère, et que ces deux factions repousseraient probablement elles-mêmes. Il n'est pas vraisemblable qu'on puisse empêcher un choc définitif entre ces deux factions, qui tendent invinciblement à se détruire dans le monde entier. Il serait impolitique de les en empêcher, et d'aller se jeter en travers pour recevoir leurs coups sans utilité pour personne. Nous estimons, autant qu'on peut supputer les temps par comparaison, que non-seulement en France, mais en Europe, la faction carthaginoise en est après ses délices de Capoue et sa journée de Zama : elle a déjà eu son Annibal. La faction romaine attend son Scipion II.

Le parti de l'ordre doit donc être attentif et se tenir ferme sous sa bannière, qui triomphera infailliblement, mais plus ou moins vite, selon sa prudence et sa bonne direction. Il doit s'organiser et se fortifier en dehors des villes industrielles où est le siége du mouvement révolutionnaire, afin de servir au besoin de point d'appui et de refuge à la partie saine et honorable du parti du désordre, moyennant acquiescement à ses principes, jusqu'à ce que les deux factions romaine et carthaginoise se soient détruites ou soient forcées de se rendre par épuisement, si leur orgueil peut le leur permettre. Et si le parti de l'ordre, par suite de circonstances inévitables, devait prêter secours à l'une des deux factions, que ce soit néanmoins plutôt à la faction romaine. Mais malheur aux hommes d'ordre, si, au jour de la justice, ils sont trouvés dans les rangs des hommes de désordre et fraternisant avec eux, parce qu'ils seront traités avec plus de rigueur que les hommes de désordre mêmes.

Nous ne pousserons pas plus loin cette courte digression sur l'état des partis en France, cela serait sans utilité pour l'objet de cette pétition.

VI.

Et maintenant, citoyens représentants, il faut détourner vos regards de l'ordre politique et matériel et de la lutte des partis, pour les reporter sur l'ordre moral, car le moment est venu où il faut avoir le courage de vous dire que les deux factions du parti du désordre, c'est-à-dire le TIERS-ÉTAT, ont trompé le peuple et l'ont égaré depuis soixante ans, pour s'en faire un marchepied, pour se substituer aux pouvoirs légitimes, pour s'emparer des propriétés, des biens de la noblesse et du clergé, pour exploiter la France à son profit.

Le tiers-état, pour arriver à ses fins, a commis de grands crimes, il faut qu'il les expie par un châment sévère ou qu'il fasse amende honorable de la manière la plus complète et la plus exemplaire. Il ne saurait échapper à cette alternative. S'il résiste, il sera infailliblement écrasé un jour entre le peuple et la Royauté qu'il ne pourra pas toujours tenir séparés; et alors, la célèbre maxime de Sieyès sera renversée avec la même exagération qu'elle fut établie, et l'on dira : Qu'est-ce que le tiers-état? Tout. Que doit-il être? Rien.

Le sang de Louis XVI et de tant d'innocentes victimes, citoyens représentants, a été répandu de la manière la plus coupable par d'infâmes assassinats juridiques. Leurs mânes crient vengeance du fond de leurs ossuaires : il faut qu'on les apaise. On ne saurait se flatter que tant d'exécrables forfaits passeront à l'abri des controverses, dussent-elles encore durer cent années. Mais nous approchons du terme fatal, et heureusement il n'y a pas de prescription en faveur du crime.

Ce n'est que par de grands actes que la France elle-même pourra se laver de l'odieux ineffaçable de sa première révolution et du ridicule incommensurable des deux dernières. Car elle a assumé sur elle, devant le monde entier, la plus terrible responsabilité. Elle a allumé en Europe un effroyable incendie. Il faut qu'elle l'éteigne, sous peine d'en être elle-même dévorée.

Le peuple, cependant, en tant qu'il agit sciemment, ou se comprend lui-même, et qu'il est sujet à l'imputabilité, a fait dans sa carrière révolutionnaire trois choses irréprochables qu'il est à propos de constater : c'est d'avoir fait rouler sur l'échafaud la tête de Philippe-Égalité, d'avoir obéi à l'empereur Napoléon, et d'avoir chassé Louis-Philippe avec ignominie; mais cela ne suffit pas pour expier la faute coupable d'avoir prêté son appui au tiers-état. Il faut aussi que le repentir l'efface.

VII.

En vous donnant, citoyens représentans, des avertissements et des avis que je crois pour vous-mêmes éminemment salutaires, ce n'est pas que je me sois jamais supposé assez d'autorité et de talent pour commander à votre attention au point de vous les faire écouter avec recueillement; car ordinairement on ne croit à ces sortes d'avertissements qu'après les malheurs arrivés. Heureusement il n'est pas absolument indispensable à la cause que je défends, je vous assure, que vous vous convertissiez et quittiez le chemin de l'erreur pour entrer dans la voie de la vérité, bien que cela soit à désirer. Ce n'est pas cela qui retardera d'un seul instant l'accomplissement des décrets de la Providence, que les vôtres ne sauraient infirmer; mais j'ai voulu vous aider à échapper aux coups inévitables de sa colère céleste.

J'ai rempli mon devoir envers vous aussi bien que cela m'était donné en cherchant à vous éclairer dans le but d'être en même temps utile à ma patrie. Je vous ai sans aucune crainte parlé de Dieu, de la Religion et de la Royauté, sachant bien que vous y croyez peu et que vous ne les honorez que du bout des lèvres. Je n'attends pas, je l'avoue, un succès complet de ma démarche auprès de vous; mais c'est vous qu'il faudra plaindre. Je ne suis d'ailleurs qu'un humble serviteur de Dieu sur cette terre, qui a préféré concourir à sa miséricorde qu'à sa sévérité.

VIII.

Pour moi, citoyens représentants, je n'ai pris aucune part aux crimes de la première révolution, puisque je n'étais pas né. Je n'ai pas non plus participé aux deux dernières. Cependant je sors des rangs de ce peuple si malheureux et si coupable, et il peut se faire (espérant toutefois qu'il n'en est pas ainsi), que le sang qui coule dans mes veines ne soit pas entièrement innocent, et je ne veux pas me soustraire aux lois de la solidarité humaine. C'est pourquoi je vous déclare ici, de la manière la plus solennelle, devant Dieu et devant les hommes, que je fais, pour mon compte personnel, amende honorable pleine et entière des crimes dont le peuple français a pu se rendre coupable, et j'en demande publiquement, humblement et sincèrement pardon à Dieu et à ceux qui en ont été victimes ou à leurs mânes, m'engageant à renouveler cet acte, s'il le faut, les pieds et la tête nus, en pleine place publique.

Je ne doute pas, citoyens représentants, que le parti que je prends ne vous paraisse au moins singulier; mais le temps approche où vous reconnaîtrez que c'était le seul parti à prendre. Je désire seulement, quand vous reconnaîtrez cette vérité, qu'il ne soit pas trop tard.

Je persiste donc à demander formellement l'abolition de la République et le rétablissement de la Monarchie dans la personne de l'héritier légitime de la couronne de France.

J'ai l'honneur d'être, etc.

MAURIZE.

LETTRE

AU

PRINCE LOUIS-NAPOLÉON BONAPARTE,

PRÉSIDENT DE LA RÉPUBLIQUE,

SUR SA MISSION POLITIQUE.

Le pire des États est l'État populaire.
P. CORN.

Paris, le 18 janvier 1849.

A Son Altesse le Prince Louis-Napoléon Bonaparte, Président de la République française.

CITOYEN PRÉSIDENT,

Un des plus grands rois de l'histoire a dit : « L'oreille qui écoute les conseils salutaires demeurera au milieu des sages. »

M'autorisant de ce précepte, je crois remplir un devoir impérieux en vous adressant la présente lettre. Par conséquent je n'ai pas à m'en excuser.

Je n'ai pas l'honneur de vous connaître, mais je dois vous supposer un homme parfaitement honorable, animé des meilleures intentions pour le salut de notre commune patrie ; cela me suffit.

Dans cette persuasion, je suis obligé de vous dire, sans autre préambule, que la position tout à fait fausse dans laquelle vous êtes placé, comme président d'une République en France, vous entraîne à suivre une ligne de conduite politique nécessairement et inévitablement très-mauvaise ou très-illogique, qui ne peut manquer de vous devenir funeste à vous-même, ainsi qu'au pays, si vous ne cherchez pas à changer cette position.

Vous n'avez et ne pouvez avoir en votre nom aucun parti en France, sauf quelques anciens militaires qui se mêlent peu de politique ou peu utilement. En d'autres termes, un parti impérial ou napoléonien (qu'on lui donne le nom qu'on voudra) ne représenterait absolument rien. Par conséquent vous êtes contraint, par la force des choses, à vous livrer à l'un des partis qui divisent la France, c'est-à-dire que vous ne pouvez éviter de gouverner dans le sens du parti auquel vous vous donnerez, si toutefois l'on veut bien vous laisser gouverner, ce qui est encore douteux. Or, ce serait vous faire une étrange illusion que de croire possible de tenir ces partis en équilibre sur la hampe d'un drapeau tricolore ou sur la pointe d'un cornet de papier intitulé Constitution, et de recommencer la politique de juste-milieu et de bascule dont la révolution de Février, heureusement, a fait définitivement justice.

Vous paraissez vous méprendre complétement, citoyen Président, sur le sens vrai de la révolution de Février, et, par cette méprise, il peut arriver que vous soyez la cause, involontaire sans doute, de malheurs déplorables, mais qui n'empêcheraient assurément pas la France d'accomplir ses destinées; ils feraient seulement peser sur vous une grave responsabilité. Vous auriez alors à regretter amèrement vos erreurs, si vous n'y faites dès à présent la plus scrupuleuse attention. Il est donc charitable de vous en avertir.

J'ignore si vous vous faites une idée bien juste de l'esprit dans lequel s'est effectuée votre élection présidentielle, mais vous vous tromperiez grandement si vous supposiez avoir été nommé *pour* la République. Vous avez été nommé *contre* la République, qui est profondément antipathique à la nation et qui la fait tant souffrir. Vous avez été nommé pour l'abolir et rétablir la Monarchie, seule forme de gouvernement possible en France, car la République ne saurait se définir autrement que par analogie à des insectes malfaisants qui se sont introduits dans les naseaux et les oreilles d'un lion et qui le mettent sur les dents. Il s'agit donc de l'en délivrer au plus vite. Le lion vous en sera reconnaissant.

La République n'est pas dans le vœu de la France : elle lui a été imposée, vous le savez, par surprise, par violence, par escamotage, et elle entraînera infailliblement sa ruine complète, si elle se prolonge encore quelque temps ; car la France ne peut rester davantage dans l'état de stagnation et d'incertitude où elle croupit, et qui rend impossibles le rétablissement de la confiance et le mouvement des affaires.

La nation évidemment, dans ses instincts conservateurs, n'a pas entendu vous donner un rôle fantastique de Washington à jouer sur la scène du vieux monde, mais un rôle de Monk, car c'est le seul nécessaire en France dans les conjonctures périlleuses où elle se trouve jetée, et si vous ne savez pas le remplir, il est facile de prévoir ce qu'il vous arrivera et quel sera à votre égard le jugement de l'opinion publique. Ce n'est pas pour rien que la nation en ce moment a placé en vous ses espérances.

Non-seulement la République n'est pas dans le vœu de la France, mais elle est absolument impossible : c'est une utopie déplorable qui n'a pas le moindre bon sens, pas le moindre rapport avec les besoins de la nation ; elle n'est même plus possible sur aucun point de l'Europe aujourd'hui, et le peu qu'il en reste sera bientôt totalement effacé. Bientôt même l'on ne trouvera plus un seul homme en Europe, quelque méprisable qu'il soit, qui osera s'avouer républicain; il aimera mieux s'avouer coupable de n'importe quel crime.

La Monarchie, citoyen Président, est la seule forme de gouvernement réalisable et durable dans les États de l'Europe moderne; la seule forme qui corresponde à la constitution fondamentale et à l'avenir des sociétés humaines; la seule forme conciliable avec l'ordre universel établi par la Providence même. J'en ai indiqué les principales raisons dans la troisième pétition qui précède, et je pourrais en ajouter ici de nouvelles non moins importantes, mais qui trouveront leur place dans un autre écrit dont j'aurai également l'honneur de vous adresser un exemplaire.

Le rétablissement de la Monarchie en France est absolument nécessaire, absolument inévitable, sans quoi la France serait perdue ; et ce rétablissement ne peut se faire avec justice et équité, d'une manière stable et consciencieuse, que dans la personne de l'héritier légitime de la couronne royale, que Dieu, dans sa bonté divine, a su conserver pour l'accomplissement de ses desseins, et pour donner sans doute à la nation française une nouvelle preuve de sa protection, dont cette nation doit craindre enfin d'abuser.

Il est assurément dans les choses possibles que le rétablissement de la Monarchie en France occasionne encore de pénibles crises politiques et nous donne de mauvais jours à traverser. Si ces malheurs sont inévitables, il faudra bien les supporter, mais ils seront peu de chose en comparaison de l'avantage qui doit en résulter. Toutefois, votre position élevée et la confiance dont la nation vous a loyalement fait l'avance vous permettent d'atténuer beaucoup ces malheurs et de diminuer ces jours d'angoisses et de douleur. C'est en cela seulement que peuvent consister votre mérite et votre mission passagère, mais c'est encore une œuvre assez importante et assez grande pour illustrer l'homme le plus honorablement ambitieux.

Vous commettriez donc une grande faute, citoyen Président, en vous faisant l'appui de la forme républicaine et en affichant ostensiblement, dans des manifestes patriotiques, la prétention de vouloir la faire triompher ou même respecter, comme on peut vous en supposer l'intention : ce serait là une prétention vaine. Si nous n'étions pas dans une situation aussi déplorable, qui nécessite de grands ménagements, une telle politique serait difficile à expliquer favorablement; mais, lorsque les circonstances prennent des proportions trop immenses, l'homme alors fait ce qu'il peut, et Dieu lui tiendra compte un jour de sa bonne volonté.

Vous pouvez vous convaincre par vous-même, depuis le peu de temps que vous êtes le chef du pouvoir, que le système républicain est une absurde machine qui ne saurait fonctionner, puisque, malgré votre imposante majorité et le prestige du nom que vous portez, vous ne pouvez rien faire sans vous trouver inévitablement en lutte sourde ou déclarée, sous une forme quelconque, avec le souverain même de qui vous émanez, ou sans vous effacer entièrement. Votre ombre d'autorité est déjà méconnue et contestée, et le sera de plus en plus; bientôt vous ne serez, passagèrement il est vrai, qu'une de ces superfluités constitutionnelles et encombrantes pour lesquelles votre oncle professait avec tant de raison un si profond mépris. Il ne s'agit donc pas ici d'une question d'amour-propre, il s'agit avant tout de la vérité.

Prenez bien garde surtout, citoyen Président, d'engager la France, au nom de la République, dans aucune guerre, si ce n'est pour la défense légitime du territoire, s'il était attaqué, car toute autre guerre serait fatale à la France, et, à moins de vous y faire tuer vous-même, si l'on vous en accordait la permission, vous auriez à vous en repentir douloureusement. Cette guerre, qui achèverait de ruiner la nation, ne serait évidemment faite que pour aider la République à vivre quelque temps de plus dans le but impossible de faire triompher ses faux principes, car la République ne sait rien faire autre chose que la guerre, que les révolutionnaires ne désirent avec une feinte ardeur que parce qu'ils aspirent au moment de voir l'armée s'éloigner; mais ce moyen funeste, qui entraînerait de nouveaux malheurs, serait pour la République même sans efficacité. Les véritables ennemis de la France ne sont pas à l'extérieur, ils sont à l'intérieur, et il faut les faire capituler.

Il n'y a, dans les circonstances graves où se trouve la France, que deux partis à prendre pour un homme qui est dépositaire du pouvoir suprême, s'il est doué du mérite nécessaire, de quelque grandeur d'âme et d'esprit : ce n'est assurément pas d'être président de la République, c'est de se déclarer franchement, ouvertement et résolument lieutenant-général du Royaume de France, et de se faire confirmer dans ce titre par la nation, ou bien de se retirer. Si cet homme a l'étoffe convenable pour une si noble entreprise, nul doute qu'il ne soit confirmé par acclamations, et alors il sera non-seulement le représentant du Roi jusqu'à son rétablissement, mais il sera encore un véritable représentant du peuple, car l'intérêt du peuple est absolument le même que l'intérêt du Roi, et réciproquement. Rien ne serait plus facile à démontrer, et il n'y a jamais eu que des hommes sans honneur et sans foi qui aient pu persuader au peuple le contraire, afin de l'égarer pour s'en faire un marchepied et s'emparer du pouvoir; mais, heureusement pour le peuple lui-même, le règne de ces hommes de mensonge et de calomnie touche bientôt à son terme.

Si jamais l'ambition personnelle, citoyen Président, pouvait vous aveugler au point de chercher à rétablir la Monarchie en France à votre profit, ce que je ne suppose ni ne souhaite nullement, dans votre propre intérêt, ce serait pour vous un malheur irréparable; car vous échoueriez misérablement et pourriez en être sévèrement puni, même par votre propre famille dont vous connaissez les sentiments particuliers. Mais si vous entrepreniez de rétablir la Monarchie véritable dans la personne de l'héritier légitime du trône de France, et que vous réussissiez dans cette entreprise noble et mémorable, dont les difficultés sont loin d'être insurmontables ; je ne crains pas de dire que la gloire qui en résulterait pour vous serait plus grande, plus solide et plus impérissable que celle que votre oncle l'empereur Napoléon s'est acquise si vainement par tant de travaux gigantesques et stériles, pour aller finir dans l'humiliation ses jours sur un lointain rocher, perdu au fond des mers, et expier la faute grave d'avoir manqué de probité ; faute irrémissible que Dieu n'a jamais pardonnée ; car il n'y en a aucun exemple dans l'histoire.

Je n'ai rien de plus à vous dire. Je ne pouvais me dispenser de vous donner des avertissements et des avis qui sont pour vous très-salutaires et qui peuvent profiter à ma patrie. J'ignore si vous les accueillerez favorablement, mais c'est pour vous qu'il faudra le regretter et pour la France qui peut avoir à en souffrir.

J'ai accompli, par ma démarche auprès de vous, un devoir devant lequel ma conscience me dit que je ne pouvais pas reculer. Vous ne m'en devez ni blâme ni reconnaissance. Il me paraît seulement convenable d'ajouter, pour terminer cette lettre, que je ne suis mu, en cette circonstance, par aucun intérêt particulier, mais par le plus ardent désir de voir cesser le spectacle affligeant et honteux que ma nation donne au monde entier, non-seulement depuis la révolution de Février, mais depuis la coupable révolution de Juillet, dont celle de Février n'est que la mauvaise queue.

J'ai l'honneur d'être, avec la plus haute considération,

citoyen Président,

de votre Altesse,

le très-humble serviteur.

MAURIZE.

www.ingramcontent.com/pod-product-compliance
Ingram Content Group UK Ltd.
Pitfield, Milton Keynes, MK11 3LW, UK
UKHW020211250726
13967UKWH00003B/1403

9 782011 755353